Diercke
Erdkunde

**Saarland
Gymnasium**

7. Schuljahr

Moderatoren:
Erika Heit, Rilchingen-Hanweiler
Michael Ernst, Saarbrücken

Autoren:
Michael Ernst, Saarbrücken
Peter Groben, Ottweiler
Erika Heit, Rilchingen-Hanweiler
Thomas Krämer, Heiligenwald
Ina Merkel, Kleinblittersdorf-Auersmacher

Einbandfoto: Ilulissat auf Grönland

Auf verschiedenen Seiten dieses Buches befinden sich Verweise (Links) auf Internet-Adressen.
Haftungshinweis: Trotz sorgfältiger inhaltlicher Kontrolle wird die Haftung für die Inhalte der externen Seiten ausgeschlossen. Für den Inhalt dieser externen Seiten sind ausschließlich deren Betreiber verantwortlich. Sollten Sie bei dem angegebenen Inhalt des Anbieters dieser Seite auf kostenpflichtige, illegale oder anstößige Inhalte treffen, so bedauern wir dies ausdrücklich und bitten Sie, uns umgehend per E-Mail unter www.westermann.de davon in Kenntnis zu setzen, damit beim Nachdruck der Verweis gelöscht wird.

© 2012 Bildungshaus Schulbuchverlage
Westermann Schroedel Diesterweg Schöningh Winklers GmbH,
Braunschweig
www.westermann.de

Das Werk und seine Teile sind urheberrechtlich geschützt. Jede Nutzung in anderen als den gesetzlich zugelassenen Fällen bedarf der vorherigen schriftlichen Einwilligung des Verlages. *Hinweis zu § 52a UrhG:* Weder das Werk noch seine Teile dürfen ohne eine solche Einwilligung gescannt und in ein Netzwerk eingestellt werden. Das gilt auch für Intranets von Schulen und sonstigen Bildungseinrichtungen.

Druck A[1] / Jahr 2012
Alle Drucke der Serie A sind inhaltlich unverändert.

Verlagslektorat: Brigitte Mazzega
Herstellung: Thomas Eck, Yvonne Behnke, Berlin
Umschlaggestaltung: Thomas Schröder
Druck und Bindung: westermann druck GmbH, Braunschweig

ISBN 978-3-14-**114626**-4

Inhaltsverzeichnis

Bestrahlungsverhältnisse der Erde – und ihre Folgen ... 6
Die Erde im Weltall. 8
Erdrotation und Erdrevolution 10
Folgen der Erdbewegung 12
Klimatische Gliederung der Erde. 16
Gewusst wie: Geocaching – wir suchen einen Schatz 18
Gewusst – gekonnt: Bestrahlungsverhältnisse der Erde –
und ihre Folgen. 20

Die feuchtheiße Zone – im tropischen Regenwald 22
Naturraum tropischer Regenwald 24
Das Klima des tropischen Regenwaldes. 30
Gewusst wie: Referate anfertigen und halten. 32
Gewusst wie: Projektarbeit im Erdkunde-Unterricht 34
Gewusst wie: Atlasarbeit mit neuen Medien 35
Projekt: Biodiesel aus Palmöl. 36
Gewusst wo: Afrika. .38
Gewusst wo: Asiatisch-pazifischer Raum 39
Die Nutzung des tropischen Regenwaldes 40
Gewusst wie: Eine Wandzeitung anfertigen. 46
Gewusst – gekonnt: Die feuchtheiße Zone –
im tropischen Regenwald 48

Die wechselfeuchte Zone – in den Savannen Afrikas... 50
Gewusst wie: Klimadiagramme auswerten 52
Naturraum Savanne 54
Anpassungen an den Lebensraum Savanne. 56
Landwirtschaft in der Savanne 58
Die Sahelzone – ein gefährdeter Naturraum 60
Gewusst wie: Ein Wirkungsgefüge anfertigen. 62
Gewusst wie: Ein Rollenspiel durchführen 64
Leben in der Trockensavanne. 66
Gewusst wie: Sachtexte auswerten 68
Projekt: Wir starten ein Hilfsprojekt 70
Gewusst – gekonnt: Die wechselfeuchte Zone –
in den Savannen Afrikas. 72

Inhaltsverzeichnis

Die trockenheiße Zone – in den Wüsten Nordafrikas und der Arabischen Halbinsel. 74
Gewusst wie: Faustskizzen zeichnen. 76
Naturraum Wüste 78
Lebensraum Wüste: Oasenwirtschaft 82
Gewusst wie: Bilder auswerten. 83
Dubai – eine moderne Oase 84
Gewusst wie: Diagramme erstellen 85
Wassermangel und Wasserüberschuss 89
Dubai – der Umgang mit dem Wasser 90
Gewusst – gekonnt: Die trockenheiße Zone –
in den Wüsten Nordafrikas und der Arabischen Halbinsel . .92

Die kalte Zone – in der Tundra und Taiga Eurasiens . . . 94
Klimaänderung von West nach Ost. 96
Zonen zwischen Nordpolarmeer und Kaukasus. 98
Gewusst wie: Eine thematische Karte auswerten. 100
Rohstoffvorkommen – Stützen der Wirtschaft 102
Probleme der Raumnutzung 104
Die Tragödie vom Baikalsee. 106
Gewusst wie: Ein Streitgespräch führen. 108
Gewusst – gekonnt: Die kalte Zone –
in der Taiga und Tundra Eurasiens 110

Das Relief der Erde und seine Entstehung 112
Das (un-)bekannte Erdinnere 114
Theorie der Plattentektonik. 116
Vorgänge an den Plattengrenzen. 118
Erdbeben und Vulkanismus 122
Vulkantypen 124
Gewusst wie: Ein Vulkanmodell bauen. 126
Gewusst wo: Nordamerika 128
Gewusst wo: Mittel- und Südamerika 129
Das Großrelief der Erde 130
Gewusst – gekonnt: Das Relief der Erde
und seine Entstehung 132

Inhaltsverzeichnis

Anhang 134
Minilexikon 134
Aufgabenstellungen – richtig verstehen und lösen 140
Hilfreiche Sätze 142
Bildquellen 144

Zum schnellen Finden

Gewusst wie (Methoden)
Geocaching – wir suchen einen Schatz 18
Referate anfertigen und halten 32
Projektarbeit im Erdkunde-Unterricht 34
Atlasarbeit mit neuen Medien 35
Eine Wandzeitung anfertigen 46
Klimadiagramme auswerten 52
Ein Wirkungsgefüge anfertigen 62
Ein Rollenspiel durchführen 64
Sachtexte auswerten 68
Faustskizzen zeichnen 76
Bilder auswerten 83
Diagramme erstellen 85
Eine thematische Karte auswerten 100
Ein Streitgespräch führen 108
Ein Vulkanmodell bauen 126

Gewusst – wo (Orientierung)
Afrika 38
Asiatisch-pazifischer Raum 39
Nordamerika 128
Mittel- und Südamerika 129

Projekte
Biodiesel aus Palmöl 36
Wir starten ein Hilfsprojekt 70

Bestrahlungsverhältnisse der Erde

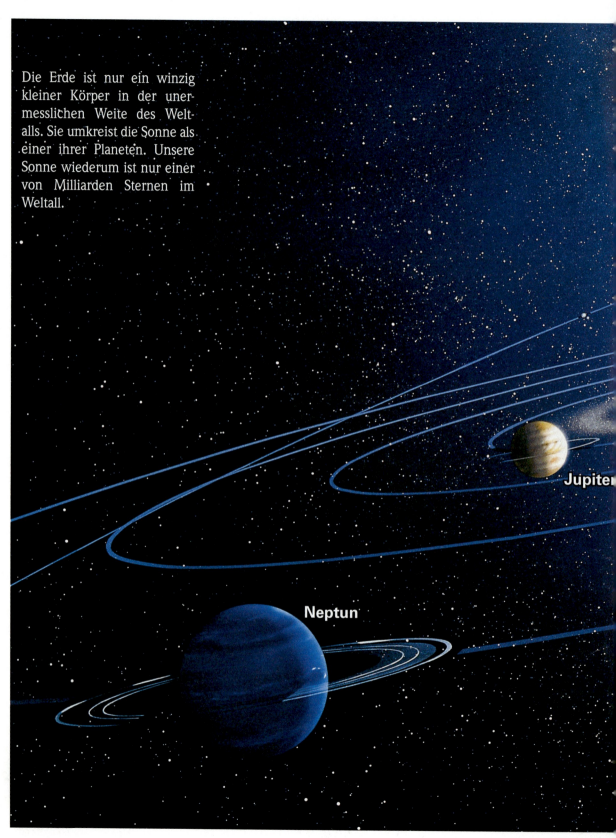

Die Erde ist nur ein winzig kleiner Körper in der unermesslichen Weite des Weltalls. Sie umkreist die Sonne als einer ihrer Planeten. Unsere Sonne wiederum ist nur einer von Milliarden Sternen im Weltall.

M1 Unser Sonnensystem

d ihre Folgen

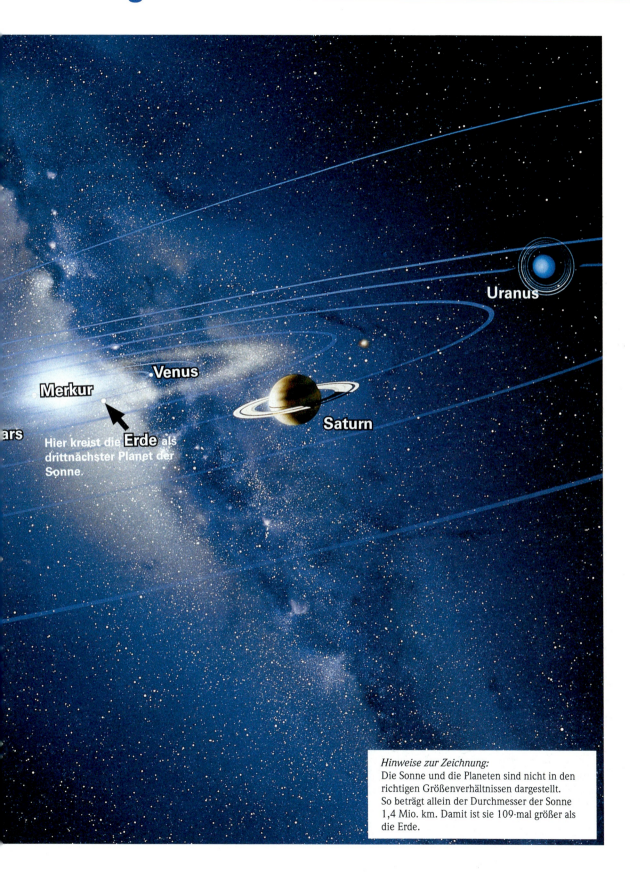

Merkur

Venus

Hier kreist die **Erde** als drittnächster Planet der Sonne.

Saturn

Uranus

Hinweise zur Zeichnung:
Die Sonne und die Planeten sind nicht in den richtigen Größenverhältnissen dargestellt. So beträgt allein der Durchmesser der Sonne 1,4 Mio. km. Damit ist sie 109-mal größer als die Erde.

Die Erde im Weltall

INFO

Licht

Wenn du das Licht im Wohnzimmer anmachst, scheint es so, als wäre das Zimmer sofort mit Licht erfüllt. Das stimmt aber nicht. Das Licht braucht eine winzige Zeitspanne, um von der Glühbirne aus bis zu den Wänden zu gelangen. Die Geschwindigkeit des Lichtes ist aber mit ungefähr 300 000 Kilometern in der Sekunde so groß, dass wir das nicht merken. Für die 150 000 000 km lange Strecke von der Sonne zu unserer Erde braucht das Licht nur acht Minuten.
Wegen der riesigen Entfernungen im Weltall werden hier Strecken in **Lichtjahren** angegeben. Ein Lichtjahr ist die Strecke, die das Licht in einem Jahr zurücklegt.

Lichtjahr:	9 460 800 000 000 km
Lichtstunde:	1 080 000 000 km
Lichtminute:	18 000 000 km
Lichtsekunde:	300 000 km

AUFGABEN

1 Ergänze die Begriffe Planet, Weltall, Stern, Trabant und übertrage den Text in dein Heft:
„Der Mond ist ein ... der Erde. Die Erde ist ein ... der Sonne. Die Sonne ist ein ... der Milchstraße. Unsere Milchstraße ist eine Galaxis im ... ."

2 Informiere dich im Internet über die Andromeda-Nebel: Beschreibe unter anderem, wie das Sternbild aussieht. Nenne seinen Durchmesser und die Entfernung zur Erde.

3 Recherchiere im Internet nach weiteren Sonnensystemen und berichte.

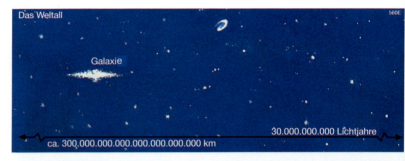

M1 Weltall und Galaxie

Unser Planet Erde

Das **Weltall** ist so groß, dass wir uns das nicht mehr vorstellen können. Hier gibt es unzählige Sterne. Sie sind nicht gleichmäßig im Weltall verteilt, sondern in Sternenhaufen angeordnet. Ein solcher Sternenhaufen heißt **Galaxie**. Dieser Name geht auf das griechische Wort für Milch (galaktos) zurück.

Im Weltall gibt es über 100 Milliaden Galaxien. Eine davon ist „unsere Galaxis". Sie besteht aus Milliarden Sternen, die wie auf einer Spirale angeordnet sind und langsam kreisen. Wir sagen auch Milchstraße dazu. Sie zieht sich als langes Band über den gesamten Himmel und wirkt tatsächlich etwas milchig und trüb. Dies kommt durch die unzählig vielen **Sterne**, die sehr weit entfernt ihr Licht abgeben. Mit einem einfachen Fernrohr lassen sich einzelne Sterne in der

Planet	Durchmesser (1000 km)	Trabanten (Monde)	Abstand zur Sonne (Mio. km)
Merkur	4,8	–	58
Venus	12,1	–	108
Erde	12,8	1	150
Mars	7,0	2	228
Jupiter	143,0	16	779
Saturn	120,0	18	1 432
Uranus	51,0	17	2 884
Neptun	50,0	8	4 509

M2 Die Planeten unseres Sonnensystems

Bestrahlungsverhältnisse der Erde

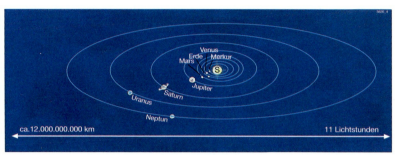

M3 Die Erde im Sonnensystem; Erde und Mond

M4 Eine Eselsbrücke

Milchstraße unterscheiden. Einer dieser Sterne ist unsere **Sonne**. Sie ist nur ein winziger Punkt am Rand unserer Galaxis, bildet aber den Mittelpunkt unseres **Sonnensystems**.

Die Sonne ist eine glühende Gaskugel, die ihr Licht auch zur Erde sendet. Acht Planeten umkreisen die Sonne auf eigenen Umlaufbahnen. Die Planeten leuchten nicht selbst. Sie werden von der Sonne angestrahlt.

Die Erde ist eine Ausnahme unter den Planeten, denn nur hier gibt es Leben. Die Erde hat einen **Trabanten**, den **Mond**. Er umkreist die Erde auf einer Umlaufbahn. Die dabei entstehende Fliehkraft ist genauso stark wie die Anziehungskraft der Erde. Dadurch bleibt der Mond in seiner Umlaufbahn. Auch der Mond leuchtet nicht selbst.

Kleines Himmelslexikon

Milchstraße: Unsere Milchstraße (oder Galaxis) ist ein Sternenhaufen im Weltall.
Stern: Ein Stern ist eine glühende Gaskugel, der sein Licht in den Weltraum strahlt.
Sonne: Die Sonne ist ein Stern unserer Milchstraße.
Planet: Ein Planet umkreist die Sonne auf einer Umlaufbahn. Einer der Planeten ist die Erde.
Trabant: Ein Trabant umkreist einen Planeten auf einer Umlaufbahn. Der Mond ist ein Trabant der Erde.
Anziehungskraft: Alle Körper in unserem Weltall ziehen sich gegenseitig an. Dabei haben massereichere Körper eine stärkere Anziehungskraft als Körper mit geringerer Masse.
Fliehkraft: Die Fliehkraft ist die Kraft, die einen sich um eine Achse drehenden Körper nach außen zieht. Je schneller sich ein Kettenkarussell dreht, desto weiter und höher bewegen sich die Sitze im Kreis.

Erdrotation und Erdrevolution

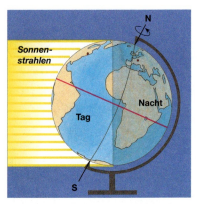

M1 Tag und Nacht

Die Erde dreht sich um ihre eigene Achse

Innerhalb von 24 Stunden dreht sich die Erde einmal von West nach Ost um ihre eigene Achse. Diese Eigenbewegung nennt man **Erdrotation**. Die Erdrotation ist verantwortlich für die Tageszeiten. Die Sonnenstrahlen treffen immer auf die der Sonne zugewandten Erdseite, dort ist Tag. Die andere Erdseite liegt dagegen im Schatten, dort ist Nacht.

Nach zwölf Stunden hat die Erde eine halbe Drehung gemacht. Während dieser Zeit „wandern" die Orte von der Tagesseite auf die Nachtseite und umgekehrt.

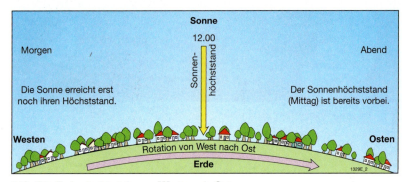

M2 Die Erde dreht sich von West nach Ost

Die Erde dreht sich um die Sonne

Neben der Drehung der Erde um sich selbst führt sie noch eine zweite Bewegung aus. Mit einer Geschwindigkeit von 30 km pro Sekunde bewegt sie sich auf einer ellipsenförmigen Bahn von West nach Ost um die Sonne. Diese Bewegung nennt man **Erdrevolution**. Für diesen Umlauf braucht die Erde ein Jahr, genauer 365 Tage und sechs Stunden. Alle vier Jahre wird deshalb ein zusätzlicher Tag, der 29. Februar, eingeschoben. Dann sprechen wir von einem Schaltjahr.

AUFGABEN

1 Erkläre die Entstehung von Tag und Nacht.

2 Nimm einen Globus und eine Taschenlampe. Stelle nun dar, wo Tag und wo Nacht ist. Überlege dir, in welche Richtung du den Globus drehen musst.

3 Suche selbst Jahreszahlen, bei denen mindestens eine Regel aufgehoben wurde (Info-Box).

4 Erkläre, ob das Jahr 1900 ein Schaltjahr war (Info-Box).

INFO 1

Schaltjahr – wann und wann nicht

Zur Bestimmung eines Schaltjahres gibt es genaue Regeln:
1. Ist die Jahreszahl durch 4 teilbar, haben wir ein Schaltjahr.
2. Ist die Jahreszahl durch 100 teilbar, wird die 1. Regel aufgehoben und wir haben kein Schaltjahr.
3. Ist die Jahreszahl durch 400 teilbar, wird auch die 2. Regel aufgehoben und wir haben wiederum ein Schaltjahr.

Wir wenden diese Regeln auf das Jahr 2000 an, es ergibt sich folgendes:
2000 ist durch 4 teilbar: wir haben ein Schaltjahr.
2000 ist durch 100 teilbar: wir haben kein Schaltjahr (Regel 1 wird aufgehoben).
2000 ist durch 400 teilbar: wir haben ein Schaltjahr (Regel 2 wird aufgehoben).
Das Jahr 2000 war ein Schaltjahr.

Bestrahlungsverhältnisse der Erde

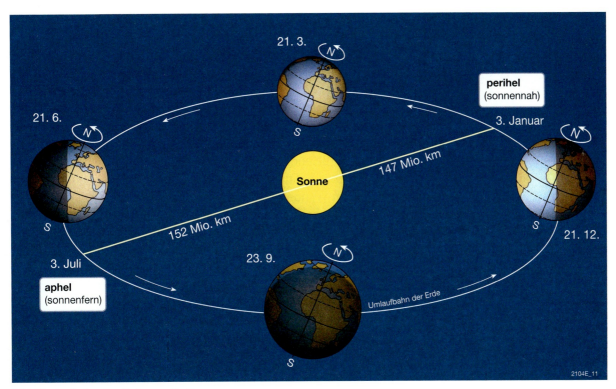

M3 Umlaufbahn der Erde um die Sonne

INFO 2

Wendekreise

Die Breitenkreise bei 23,5° nördlicher und südlicher Breite heißen Wendekreise. Hier „wendet" scheinbar die Sonne. Weil die Erdachse um 23,5° gegenüber der Umlaufbahn geneigt ist, fallen die Sonnenstrahlen am 21. Juni senkrecht auf den nördlichen Wendekreis (Sommersonnenwende). Auf der Nordhalbkugel ist der längste Tag des Jahres. Am 21. Dezember fallen sie senkrecht auf den südlichen Wendekreis (Wintersonnenwende). Auf der Nordhalbkugel ist der kürzeste Tag des Jahres.

INFO 3

Zeitzonen

1883 einigten sich die Länder darauf, die Erde in 24 **Zeitzonen** einzuteilen. In der Regel erstrecken sie sich jeweils über 15 Meridiane, wobei aber auch der Verlauf von Staatsgrenzen beachtet wurde.

UTC

Heute sind die Zeiten in den verschiedenen Zeitzonen der Erde an die „koordinierte Weltzeit" (UTC: Universal Time Coordinated) angekoppelt. Sie ist nach dem nullten Längengrad (Null-Meridian) ausgerichtet, der durch Greenwich/London verläuft. Die Zonenzeit des Nullmeridians wird auch Westeuropäische Zeit bzw. Greenwich- oder Weltzeit genannt.
Die Zeiten in den anderen Zeitzonen der Erde ergeben sich durch Hinzufügen und Abziehen einer (meistens) ganzzahligen Anzahl von Stunden, je nach ihrem Abstand vom Null-Meridian.

Tag und Nacht wechseln nicht immer genau nach zwölf Stunden. Das wäre nur dann der Fall, wenn die Erdachse senkrecht stehen würde. Diese weicht aber um einen Winkel von 23,5° von der Senkrechten zur Erdbahnebene ab (M1). Bei der Drehung um sich selbst und um die Sonne behält die Erde diesen Winkel und ihre Neigungsrichtung unverändert bei. Das hat zur Folge, dass im Juni stärker die Nordhalbkugel und im Dezember mehr die Südhalbkugel der Sonne zugewandt ist (M3). Dadurch werden die beiden Halbkugeln im Verlauf eines Jahres abwechselnd lang beleuchtet. Deshalb gibt es Unterschiede zwischen den Tageslängen im Sommer und Winter.

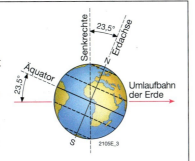

M4 Warum gibt es unterschiedliche Tageslängen?

Folgen der Erdbewegung

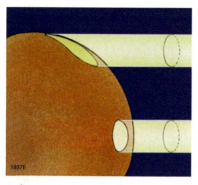

M1 Einfallswinkel der Sonnenstrahlen

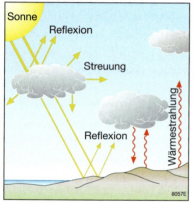

M2 Umwandlung von Strahlenenergie in Wärmeenergie

Die Beleuchtung und Erwärmung der Erde

Die Sonne ist das Kraftwerk der Erde. Sie spendet Licht und Wärme. Die Sonnenstrahlen treffen aufgrund der Kugelgestalt der Erde nicht mit dem gleichen Einfallswinkel auf alle Teile der Erdoberfläche auf. Je steiler die Sonnenstrahlen auf die Erde treffen, desto mehr Strahlungsenergie erhält die Erdoberfläche. Deshalb wird am Äquator eine Fläche wärmer als eine Fläche gleicher Größe in höheren Breiten. Es werden drei Beleuchtungszonen unterschieden (M3):

1. Die Tropen befinden sich zwischen dem nördlichen und dem südlichen Wendekreis. Zweimal jährlich steht hier die Sonne im **Zenit**, das heißt genau senkrecht über dem Beobachter. Die intensive Sonneneinstrahlung bewirkt ganzjährig hohe Temperaturen. Die bei uns üblichen Jahreszeiten sind dort nicht wahrnehmbar.
2. Die mittleren Breiten liegen auf beiden Halbkugeln zwischen dem jeweiligen Wende- und **Polarkreis**. Hauptmerkmal sind die ausgeprägten Jahreszeiten. Mit Annäherung an die Polarkreise werden die Sommer kürzer und die Winter länger.
3. Die polaren Breiten erstrecken sich jeweils zwischen den Polarkreisen und den Polen. Infolge des geringen Einfallswinkels der Sonnenstrahlen sind die Temperaturen niedrig. Beständige Schnee- und Eisdecken sorgen für eine hohe Reflexion der Sonnenstrahlen.

AUFGABEN

1 Die Erdoberfläche wird unterschiedlich stark erwärmt. Erkläre.

2 Nenne die Merkmale der unterschiedlichen Beleuchtungszonen.

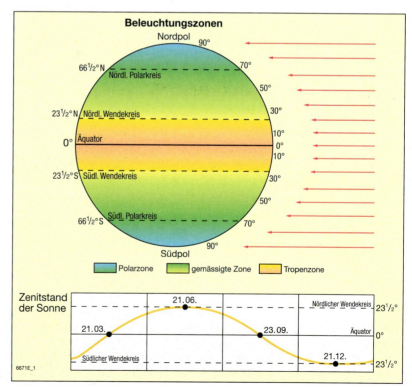

M3 Beleuchtungszonen der Erde

Bestrahlungsverhältnisse der Erde

Die Entstehung der Jahreszeiten

Es ist der 21. Juni: Auf der Nordhalbkugel beginnt der Sommer (Nordsommer). Die Sonne erreicht ihren höchsten Mittagsstand. Sie geht in unseren Breiten bereits früh im Nordosten auf und erst spät im Nordwesten unter. Wir haben den längsten Tag und die kürzeste Nacht des Jahres. Es ist der Tag der Sommersonnenwende. In den Polargebieten der Nordhalbkugel herrscht Polartag, dass heißt, die Sonne scheint Tag und Nacht. Auf der Südhalbkugel dagegen beginnt der Winter (M3).

Es ist der 21. Dezember: Die Beleuchtungsverhältnisse sind genau umgekehrt. Auf der Nordhalbkugel beginnt der Winter. In unseren Breiten geht die Sonne erst spät auf, erreicht mittags eine geringe Höhe und geht früh unter. Es ist der Tag der Wintersonnenwende. In der Polargebieten der Nordhalbkugel herrscht Polarnacht. Es herrscht den ganzen Tag Dunkelheit. Auf der Südhalbkugel dagegen beginnt der Sommer.

21. März und 23. September: Auf der Erde herrscht die Tagundnachtgleiche. Es beginnen Frühling bzw. Herbst.

Die scheinbare Wanderung der Sonne

Sonnenwende, Wendekreise... Diese Begriffe weisen auf die Bewegung der Erde um die Sonne und somit auf das Entstehen der Jahreszeiten hin. Durch die Neigung der Erdachse um 23,5° fallen die Sonnenstrahlen jeden Tag auf eine andere Breite senkrecht (90°-Winkel) ein. Die Sonne steht dann im Zenit. Der Zenitstand tritt nur in dem Gebiet zwischen 23,5° nördlicher Breite und 23,5° südlicher Breite auf.

Im Verlauf eines Jahres „wandert" die Sonne scheinbar zwischen diesen Breitenkreisen. Sie werden deshalb Wendekreise genannt. Das Gebiet zwischen den Wendekreisen bezeichnet man als Tropen.

AUFGABEN

3 Begründe die Temperaturunterschiede zwischen Sommer und Winter.

4 Stelle dir vor, die Erdachse wäre nicht geneigt, sondern senkrecht. Erkläre die Auswirkungen auf die Jahreszeiten.

5 Miss in M4 mit einem Lineal die Länge der Sonnenstrahlen am Nordpol, am Südpol und am Äquator. Begründe, welcher dieser Strahlen die Erde am stärksten erwärmt.

6 Beschreibe nach M4 die Jahreszeiten beim Umlauf um die Sonne am 21. Juni und am 21. Dezember.

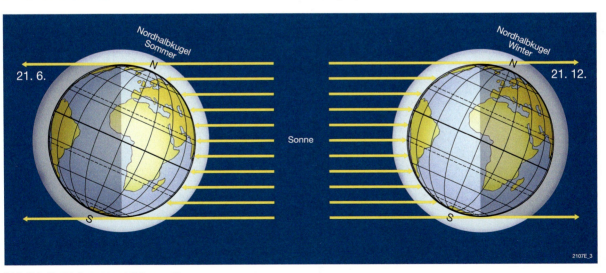

M4 Die Entstehung von Jahreszeiten

Folgen der Erdbewegung

Polartag und Polarnacht

Die Erde dreht sich einmal täglich um die eigene Achse. Diese steht aber nicht senkrecht, sondern ist um 23,5° geneigt. Je nach Position der Erde auf ihrer Umlaufbahn um die Sonne erhält deshalb einmal die südliche und ein anderes Mal die nördliche Erdhälfte mehr und vor allem länger am Tag Sonnenlicht. Diese jahreszeitlichen Unterschiede in der Bestrahlung wirken sich umso mehr aus, je weiter man sich vom Äquator aus in Richtung der Pole bewegt.

Besonders für die kalte Zone bedeutet dies große Unterschiede in der Tageslänge. Diese Abweichung von dem uns bekannten Tag-Nacht-Rhythmus ist eine besondere Belastung für die Bevölkerung.

Die **Polarnacht** ist der Abschnitt des Jahres ohne Tageslicht. Während des **Polartages** ist es 24 Stunden am Tag hell. Wenn die Sonne nicht unter den Horizont sinkt, haben wir die Zeit der Mitternachtssonne. Zur Mittagszeit steht die Sonne am höchsten. Um Mitternacht hat sie ihren tiefsten Stand.

Solche Tage mit Mitternachtssonne gibt es vom Polarkreis bis zum Pol in zunehmender Anzahl.

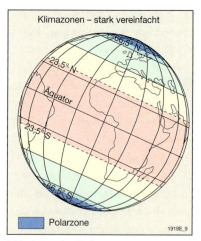

M1 Lage der Polarzone

Ort	Dauer des Polartages	Dauer der Polarnacht
Nordpol	186 Tage	179 Tage
Kap Barrow	76 Tage	69 Tage
Inuvik	54 Tage	48 Tage
Polarkreis	1 Tag	1 Tag

M2 Polartag und Polarnacht

M3 Tageslauf der Sonne im Juni im Nordpolargebiet

Bestrahlungsverhältnisse der Erde

Während des Polartages kann die Temperatur auf über 15°C steigen, der Schnee schmilzt, der Boden erwärmt sich und die Pflanzen können wachsen. Die wärmende Wirkung der Sonnenstrahlen ist zwar gering, doch profitieren die Pflanzen von einer langen Sonnenscheindauer.

Im Winter herrscht nördlich des Polarkreises die Polarnacht. Viele Wochen lang geht die Sonne nicht auf, es ist dunkel und kalt. Verursacht durch die veränderte Stellung der Erde zur Sonne wird in dieser Zeit das Südpolargebiet ganztägig bestrahlt. Nun ist am Südpol Polartag und der Sommer hält Einzug.

10. Januar: Seit Tagen liegen die Temperaturen bei -20 °C. Die Straßenlampen brennen immerzu. Ehe ich zum Kaufmann gehe, reibe ich mir dick Fettcreme ins Gesicht. Die Stiefel und Handschuhe aus Seehundsfell und der Schneeanzug aus Rentierfell halten mich warm.

17. Januar: Es ist 12 Uhr mittags. Die ganze Klasse läuft ins Freie. Die Sonne erscheint zum ersten Mal für einige Minuten am Horizont. Die Zeit der Polarnacht, der völligen Dunkelheit, ist endlich vorbei.

27. Mai: 24 Stunden Sonnenschein am Tag. Die Sonne geht nun nachts für fast zwei Monate nicht unter. Es wird Sommer. Der Polartag beginnt.

1. Juni: Beginn der Sommerferien. Die Bäche laufen wegen des Schmelzwassers über. Schneehase und Polarfuchs tragen nun ihr braunes Sommerfell. Am Nachmittag klettert das Thermometer schon bis 6°C hoch.

10. Juni: Um Mitternacht spielen wir noch Fußball. Die Mücken plagen uns.

18. Juli: Die Preiselbeeren sind reif. Alle Kinder helfen beim Sammeln. Wir schwitzen bei 20°C.

20. August: Die Ferien sind vorbei. Die Sonne geht erst nach 22.00 Uhr unter.

30. November: Gestern sahen wir das letzte Mal die Sonne mittags kurz über dem Horizont. Bis in den Januar hinein haben wir jetzt wieder Polarnacht.

M4 Ivalu, ein Junge aus Inuvik (Grönland), berichtet.

AUFGABEN

1 Ivalu hat berichtet, wie bei ihm Sommer und Winter aussehen (M4). Vergleiche seine Aussagen mit dem Sommer und Winter bei uns. Würdest du dort gerne leben? Begründe.

2 Erläutere, inwiefern die Polarnacht eine Belastung für die davon betroffenen Menschen ist.

3 In den nordischen Ländern feiert man die sogenannte „Mitsommernacht". Recherchiere, was es mit diesem Brauch auf sich hat (Internet).

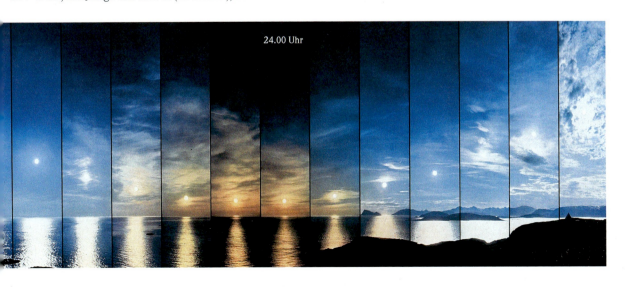

24.00 Uhr

Klimatische Gliederung der Erde

AUFGABEN

1 Benenne die Breitengrade, die ungefähr die nördliche Polarzone und die tropische Zone begrenzen (M1, Atlas).

2 Nenne die Klimazone, die in Europa nicht vorkommt (M1).

3 Ermittle mithilfe von M1 und deinem Atlas, auf welchen Kontinenten alle Klimazonen vorkommen.

Die Klimazonen

Auf der Erde gibt es nicht überall dasselbe Klima. Gebiete mit ähnlichem Klima werden zu einer **Klimazone** zusammengefasst. Man unterscheidet folgende thermische (griech. „thermes", „warm") Klimazonen:
- Polarzone: Die Temperaturen liegen ganzjährig unter dem Gefrierpunkt und die Niederschläge fallen als Schnee. Statt Jahreszeiten gibt es Polartag und Polarnacht.
- Subpolarzone: In dieser Übergangszone liegt die Jahresmitteltemperatur bei 0 °C.
- gemäßigte Zone (Mittelbreiten): Die Jahresmitteltemperatur beträgt etwa 9 °C. Es fallen ganzjährig Niederschläge. In dieser Zone kommen die Jahreszeiten Frühling, Sommer, Herbst und Winter vor.
- subtropische Zone (Subtropen): In dieser Übergangszone beträgt die Jahresmitteltemperatur etwa 18 °C.
- tropische Zone (Tropen): Es ist ganzjährig heiß („ewiger Sommer"). Die Jahresmitteltemperatur liegt bei 25 °C. Die Niederschlagsmengen sind unterschiedlich hoch, in der Nähe des Äquators fallen hohe Niederschläge.

INFO 1
Wetter

Aus dem Wetterbericht sind die fünf Wetterelemente bekannt: Wind, Bewölkung, Luftdruck, Niederschlag und Temperatur. Das Zusammenwirken dieser fünf Wetterelemente zu einer bestimmten Zeit an einem bestimmten Ort auf der Erde heißt **Wetter**.

INFO 2
Klima

Meteorologen messen mehrmals täglich die fünf Wetterelemente und errechnen sie daraus Durchschnittswerte. Diese langjährigen Mittelwerte geben Auskunft über das **Klima** eines Ortes oder Gebietes.

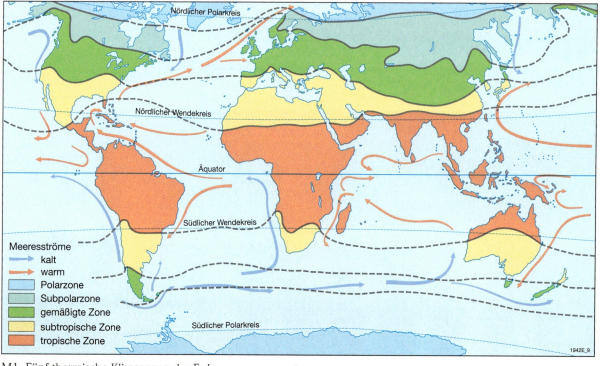

M1 Fünf thermische Klimazonen der Erde

Bestrahlungsverhältnisse der Erde

Die Entstehung der Klimazonen

Aufgrund der Kugelform der Erde ist die Erdoberfläche gekrümmt. Dadurch fallen die Sonnenstrahlen unterschiedlich steil auf die Erdoberfläche. Zwischen dem nördlichen und dem südlichen Wendekreis ist der Einfallswinkel der Strahlen sehr steil. Je weiter ein Gebiet vom Äquator entfernt liegt, desto flacher fallen die Sonnenstrahlen ein. Deshalb gelangt zum Beispiel am Äquator auf einen Quadratmeter Bodenfläche dreimal mehr Sonnenenergie als auf einen Quadratmeter an den Polen. In der Nähe des Nordpols und des Südpols ist es aus diesem Grund am kältesten, zwischen den Wendekreisen am wärmsten.

Die unterschiedliche Erwärmung der Erdoberfläche führt zu verschiedenen solaren Klimazonen (lat. „solar": „die Sonne betreffend"). Sie ziehen sich wie Gürtel um die Nordhalbkugel und um die Südhalbkugel. Die Ausdehnung der Klimazonen folgt jedoch nicht exakt den Breitengraden (Breitenkreisen). Die Temperaturen werden auch beeinflusst durch kalte und warme Meeresströmungen (z. B. Golfstrom), ferner durch die unterschiedliche Verteilung von Land- und Wassermassen auf der Erde sowie durch die Lage und Höhe von Gebirgen.

AUFGABEN

4 Beschreibe den Einfallswinkel der Sonnenstrahlen auf die Oberfläche der Erde und ihre Folgen (Text, M3).

5 Erläutere, warum es in den Tropen im Jahresdurchschnitt wesentlich wärmer ist als in der Polarzone (Text, M3).

6 a) Ermittle in welchen Klimazonen M2 und M4 liegen.
b) Beschreibe die Unterschiede in den Temperaturkurven. Hinweis: Achte auf die unterschiedlichen Temperaturskalen auf den linken Längsachsen der Diagramme.

7 Vergleiche solare Klimazonen mit thermischen Klimazonen (Text, M3, M1).

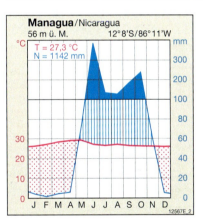

M2 Klimadiagramm Managua

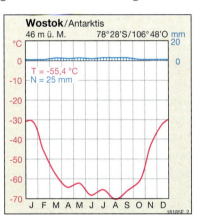

M4 Klimadiagramm Wostok

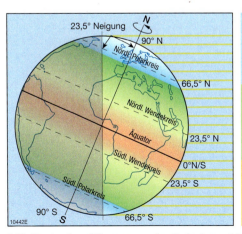

Die Polarzonen erstrecken sich von den Polarkreisen bis zu den Polen. Dort ist es das ganze Jahr über kalt. Es gibt sehr ausgeprägte Jahreszeiten mit großen Temperaturunterschieden.

In den Mittelbreiten zwischen Polarkreisen und Wendekreisen (66,5° – 23,5° N und S) herrschen in der Regel gemäßigte Temperaturen. Es gibt ausgeprägte Jahreszeiten.

Die Tropenzone wird von den Wendekreisen begrenzt (23,5°N – 23,5°S). Hier ist es das ganze Jahr über warm. Es gibt keine kalten Winter und damit auch keine Jahreszeiten.

M3 Drei solare Klimazonen der Erde (sowohl auf der Nordhalbkugel als auch auf der Südhalbkugel der Erde)

Gewusst wie

Geocaching – wir suchen einen Schatz

M1 Geocaching live

Spannung, Spiel, aber ohne Schokolade: Geocaching, die GPS-Schatzsuche!

Geocaching ist eine moderne Form der Schatzsuche. Diese könnt ihr auch an eurer Schule durchführen. Bei dem Spiel kann jeder kleine „Schätze" verstecken. Doch wie findet jemand anderes den Schatz? Ganz einfach: An einem Ort eurer Wahl versteckt ihr euren Schatz. Am Versteck (Cache) legt man mithilfe eines GPS-Gerätes eine Markierung (sogenannter „Wegpunkt") an, welche die exakten geographischen Daten (Längen- und Breitengrad) angibt. So lässt sich jeder Ort genau bestimmen.

Die Position eures Caches könnt ihr im Internet angeben, sodass auch andere euer Versteck finden können. Mithilfe von GPS-Gerät, topographischen Karten und Kompass versuchen andere dann, zu eurem Cache zu gelangen. Mehr als 70 000 Caches sind in Deutschland vorhanden.

Im Internet könnt ihr euch die Lage eines Verstecks anschauen und die geographischen Koordinaten in euer GPS eingeben. Danach könnt ihr auf die Suche gehen.

WWW
www.geocaching.com
www.geocaching.de
www.opencaching.de

M2 Caches in einem Gebäude

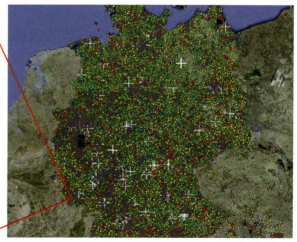

M3 Caches in Deutschland 2011 (z. T. überlagert)

Gewusst wie

Bestrahlungsverhältnisse der Erde

Für jeden Schatz braucht ihr eine wetterfeste Dose (z. B. Kaffeedose oder sauberes Marmeladenglas). Überlegt euch für eure Geocaching-Tour ein Lösungswort. Schreibt dieses in Großbuchstaben auf und schneidet die einzelnen Buchstaben auseinander. Verteilt die Buchstaben auf alle Gefäße. So kann die Gruppe, die eure Schätze sucht, nur das Lösungswort bilden, wenn sie alle Gegenstände gefunden hat. In die Schätze könnt ihr zusätzlich noch Aufgabenzettel hineinlegen (z. B.: Bestimme drei Baumarten in der Nähe des Fundortes).

M4 Erstellung eines Schatzes

Projekt „Geocaching" – so geht ihr vor:

Vorbereitung
- Bildet Kleingruppen von vier bis sechs Personen.
- Jede Gruppe braucht: ein GPS-Gerät, eine Karte der Umgebung (Maßstab 1 : 25 000 oder größer) und einen Kompass. Probiert das Anlegen eines Wegpunktes am GPS-Gerät im Klassenraum aus. Bastelt 4 bis 5 Schätze.

Durchführung
- Zu Beginn: Sucht mithilfe eures Materials den südlichsten, westlichsten, östlichsten und nördlichsten Punkt eures Schulgeländes auf und setzt jeweils Wegpunkte.
- Schätze verstecken: Erstellt in eurer Kleingruppe eine Geocaching-Tour wie sie in M6 beschrieben ist. An den Wegpunkten versteckt ihr jeweils einen Schatz.
- Schnitzeljagd: Tauscht die Geräte der unterschiedlichen Gruppen, sodass jede Gruppe eine neue Tour gehen muss. Sucht die Caches, die die andere Gruppe markiert hat. Die Gruppe, die als erste alle Verstecke gefunden hat, die Aufgaben erledigt hat und zum Startpunkt zurückgekehrt ist, hat gewonnen.

Präsentation
- Überprüft, ob alle Gegenstände vollständig zurück im Klassenraum sind. Berichtet euch gegenseitig von eurer Geocaching-Tour. Habt ihr alle Caches gefunden? Gab es Besonderheiten? Organisiert eine Siegerehrung für die Gewinner.

Beachtet beim Geocaching!
- Verlasst nie die Gruppe.
- Wechselt euch in der Gruppe ab: Eine Person nimmt das GPS-Gerät, eine andere die Karte (z. B. für das Einzeichnen des Weges), die anderen tragen die Schätze. Nach jedem Versteck wechselt ihr euch ab.
- Achtet auf den Verkehr und die Verkehrsregeln. Das GPS-Gerät lenkt leicht ab.
- Achtet auf die Umwelt. Verlasst das Versteck so, wie ihr es aufgefunden habt."

M6 Sicherheitshinweise

1. Startpunkt markieren:
Geht zum Haupteingang eurer Schule. Setzt im GPS-Gerät den ersten Wegpunkt und nennt ihn Schule. Dieser ist euer Start- und Endpunkt. Schreibt euch die Lage auf: Schule: N:_____ (exakte geographische Koordinaten); E:_____ (E steht für East, engl. Osten).

2. Ersten Schatz verstecken:
Geht zehn Minuten in eine beliebige Himmelsrichtung. Wenn ihr es schafft, könnt ihr euren Weg in der Umgebungskarte einzeichnen. Am Ende der Zeit bleibt ihr stehen und versteckt euren ersten Schatz an einem auffälligen Ort (z. B. an einem großen Baum). Setzt genau an dem Cache in eurem GPS-Gerät euren zweiten Wegpunkt.

3. Zweiten Schatz verstecken:
Lauft nun fünf Minuten in eine andere Richtung. Versteckt euren zweiten Schatz. Setzt auch hier genau an dem Cache euren dritten Wegpunkt. Ihr könnt nun noch 2 – 3 weitere Schätze verstecken. Geht vor wie in Punkt 3.

4. Zurück zum Startpunkt:
Habt ihr alle Schätze versteckt, geht ihr auf dem schnellsten Weg zum Startpunkt zurück.

5. Gerätetausch:
Tauscht innerhalb eurer Klasse die GPS-Geräte und sucht die von der Gruppe markierten Caches. Wer als erstes zurück ist, hat gewonnen.

M5 Erstellung einer Geocaching-Tour

Bestrahlungsverhältnisse der Erde

Gewusst...

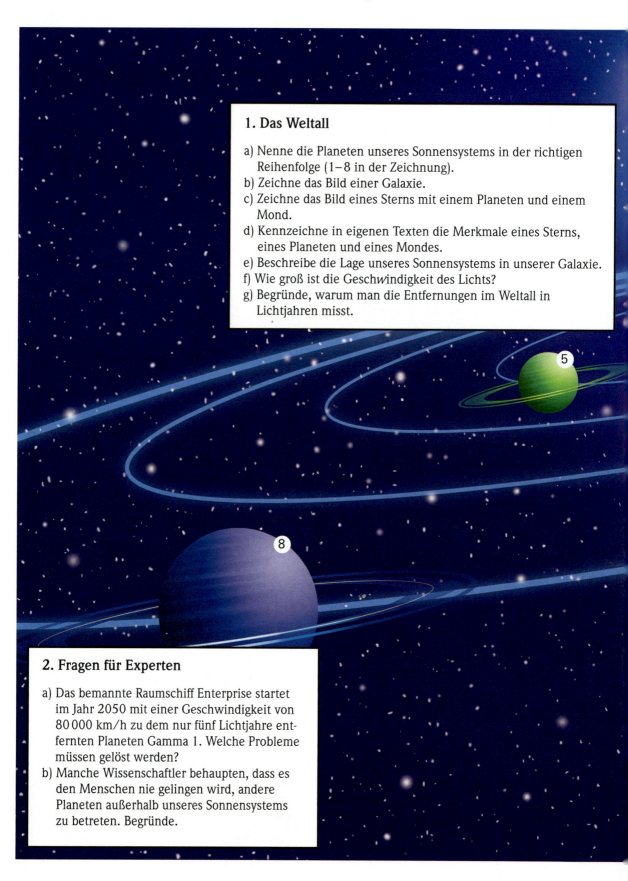

1. Das Weltall

a) Nenne die Planeten unseres Sonnensystems in der richtigen Reihenfolge (1–8 in der Zeichnung).
b) Zeichne das Bild einer Galaxie.
c) Zeichne das Bild eines Sterns mit einem Planeten und einem Mond.
d) Kennzeichne in eigenen Texten die Merkmale eines Sterns, eines Planeten und eines Mondes.
e) Beschreibe die Lage unseres Sonnensystems in unserer Galaxie.
f) Wie groß ist die Geschwindigkeit des Lichts?
g) Begründe, warum man die Entfernungen im Weltall in Lichtjahren misst.

2. Fragen für Experten

a) Das bemannte Raumschiff Enterprise startet im Jahr 2050 mit einer Geschwindigkeit von 80 000 km/h zu dem nur fünf Lichtjahre entfernten Planeten Gamma 1. Welche Probleme müssen gelöst werden?
b) Manche Wissenschaftler behaupten, dass es den Menschen nie gelingen wird, andere Planeten außerhalb unseres Sonnensystems zu betreten. Begründe.

... gekonnt

d ihre Folgen

3. Internet-Adressen

Was findest du auf diesen Seiten?
- www.neunplaneten.de/nineplanets/pluto.html
- www.astronomie.de

4. Sonne und Erde

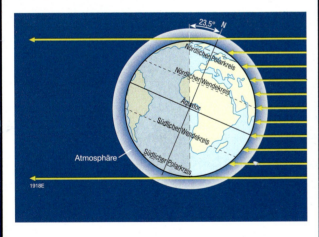

a) Die Abbildung zeigt den Weg der Sonnenstrahlen zur Erde. Welche Jahreszeit herrscht bei dieser Darstellung in Europa? Begründe deine Antwort.
b) Entscheide: Ist bei dieser Darstellung in Europa Tag oder Nacht?
c) Am Äquator herrscht praktisch das ganze Jahr Sommer. Erläutere.
d) Erkläre, weshalb es an den Polen kälter ist als am Äquator.
e) Was versteht man unter der UTC?

Was habe ich gelernt?

1. Ich kann die Planeten unseres Sonnensystems in der richtigen Reihenfolge nennen.
2. Ich kann die Entstehung von Tag und Nacht aus dem Zusammenspiel von Erdrotation und Stellung der Erde zur Sonne erklären.
3. Ich kann erkären, was Polartag und Polarnacht sind.
4. Ich kann die Entstehung der Jahreszeiten infolge des Zusammenspiels der Neigung der Erdachse und der elliptischen Umlaufbahn des Planeten Erde erklären.
5. Ich kann zwischen solaren und thermischen Klimazonen unterscheiden.
6. Ich kenne die Schwächen des Modells der fünf thermischen Klimazonen.

Die feuchtheiße Zone

M1 Ein Nebenfluss des Kongos im tropischen Regenwald Afrikas

tropischen Regenwald

Naturraum tropischer Regenwald

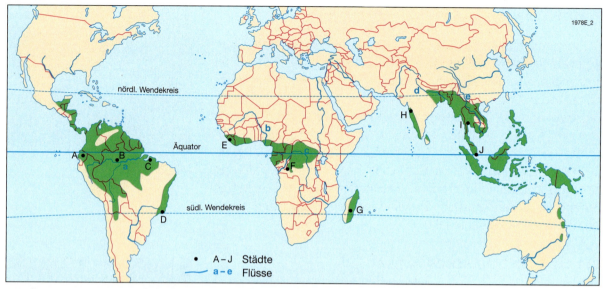

M1 Übungskarte zu den tropischen Regenwäldern der Erde

AUFGABEN

1 a) Beschreibe die Lage der tropischen Regenwälder auf der Erde (M1, Atlas).
b) Benenne in M1 die Städte A–J und Flüsse a–e (Atlas).

2 Alexander von Humboldt, Henry Morton Stanley und Sibylla Merian sind berühmte Forscher im tropischen Regenwald gewesen. Informiere dich über ihr Leben und berichte, wann, worüber und wo sie geforscht haben.

3 Nenne je Kontinent (nach Möglichkeit) vier Länder, in denen es tropischen Regenwald gibt (Atlas).

4 Wähle eines der genannten Tiere aus und erstelle einen Steckbrief (andere Medien).

Henry Morton Stanley, der 1874–77 Afrika von der Ostküste bis zur Kongomündung durchquerte, schrieb:

„Es ist schwül. Man quillt auf. Das Hemd klebt am Leib. Der Boden ist weich, von Moder gepolstert, vom Schweiß der Luft gedüngt. Der ganze Wald ist feucht, scheint verschimmelt zu sein. Man ist ein Insekt in einem nassen Schwamm. Die Luft stockt. Das dichte Laubdach hindert den Eintritt jeglichen Windes. In der Nacht hält das Riesendach die Hitze des Tages zurück. So hält die brütende Wärme für ein millionenfaches Leben Tag und Nacht an. Trotz der verwirrenden Üppigkeit liegt dennoch eine gewisse Ordnung vor. Vor allem ist es ein mächtiger Höhenaufbau in Stockwerke. Wir haben keine Zeit, um die vielen Wunder der Vegetation zu untersuchen. Wir können uns nicht mit der mächtigen Masse der abgestorbenen braunen Hölzer beschäftigen, die so porös sind wie der Schwamm und kaum noch das Aussehen zu Boden gestürzter Bäume haben. Leg dein Ohr daran und du hörst ein murmelndes Gesumme; es ist das Leben der kleinsten Tiere; öffne dein Notizbuch und das weiße Blatt wird ein Dutzend Schmetterlinge anlocken; vor deinen Augen fliegen Bienen- und Wespenschwärme; zu deinen Füßen kriechen die roten und weißen Ameisen, einige werden an dir heraufmarschieren."

(Nach Emil Egli: Afrika – Wüste, Steppe, Urwald. Zürich 1963, S. 56 ff.)

M2 Bericht eines Regenwald-Forschers

Die feuchtheiße Zone

Verbreitung der tropischen Regenwälder

Die **tropischen Regenwälder** unserer Erde findet man beidseitig des Äquators. Weltweit gibt es ca. 8 Mio. km² Regenwald. Die größten zusammenhängenden Regenwaldgebiete existieren in Südamerika, im zentralen Afrika und in Südostasien.

Die tropischen Regenwälder der Erde sind nicht nur Lebensraum seltener Pflanzen- und Tierarten, sie speichern auch große Mengen Süßwasser und sind wichtige Sauerstoffproduzenten. Seit Mitte des 20. Jahrhundert werden die tropischen Regenwälder gerodet, um landwirtschaftliche Nutzflächen, Brennmaterial oder Zugang zu Bodenschätzen zu erhalten. Die Rodung der Waldflächen erhöht zusätzlich den Treibhauseffekt.

M3 Pfeilgiftfrosch

Die Tiere im tropischen Regenwald

Der Regenwald ist der Lebensraum unzähliger Tiere. Kleintiere wie Schmetterlinge, Libellen und Kolibris schwirren durch die Luft. Papageien schreien und Affen hangeln sich von Baum zu Baum. Viele Tiere haben ihren Lebensraum in die Baumkronen verlegt, da sie dort vor Angriffen besser geschützt sind. Der bekannteste Jäger ist der Jaguar. Auch der Pfeilgiftfrosch lebt nicht am Boden, sondern in schwindelerregender Höhe. Sein Gift verwenden einige Indianerstämme als Betäubungsmittel.

M4 Blattschneiderameise

◁ M5 Über 50 m hoch reicht das Netz von Strickleitern und Seilen, mit dem afrikanische und europäische Wissenschaftler den tropischen Regenwald in den unterschiedlichen Stockwerken untersuchen. Dabei fanden sie schon viel Interessantes heraus: In den Regenwäldern gibt es mindestens 4000 verschiedene Baumarten (in mitteleuropäischen Wäldern 40). In einem Stockwerk leben Hunderte unterschiedlicher Pflanzen und Tiere in enger Lebensgemeinschaft neben- und voneinander. Viele der Tiere, die ihren Lebensraum in den oberen Stockwerken haben, gelangen niemals auf den Boden.

Naturraum tropischer Regenwald

M1 Aufsitzerpflanze (Epiphyt)

Der Stockwerkbau

Die Pflanzen des Regenwaldes haben sich an die feuchte und heiße Luft angepasst und somit einen festgelegten Aufbau in fünf Etagen herausgebildet. Diesen nennt man **Stockwerkbau**. Die einzigen, die das dichte Blätterdach des Regenwaldes durchbrechen, sind die ca. 60 m hohen Urwaldriesen. Sie besitzen Brettwurzeln, die mehrere Meter hoch sind. Diese sorgen dafür, dass der Baum standfest ist.

Die meisten Bäume haben eine Höhe von 20–40 m. Sie bilden das dichte immergrüne Blätterdach. Die Sonnenstrahlung reicht kaum zum Boden.

Aufsitzerpflanzen (Epiphyten), wie die Orchidee, siedeln sich in der oberen Baumschicht auf Blättern und Stämmen an. Sie besitzen sogenannte Luftwurzeln und breiten sich von oben nach unten aus.

Die Baumwürger wachsen nach dem gleichen Prinzip, erreichen ihre Wurzeln jedoch den Boden, winden sich diese so eng um den Baum, dass sie jegliche Versorgung des Baumes mit Wasser oder Nährstoffen unmöglich machen. Der Baum stirbt ab und Baumwürger, wie die Würgefeige, übernehmen den Baumstamm als Gerüst.

In der Höhe von 15–20 m hat sich die mittlere Baumschicht an ihr „Schattendasein" gewöhnt. Die untere Baumschicht mit Sträuchern ist in einer Höhe von 10–15 m zu finden. Bis zu zehn Meter wächst am Boden die Strauch- und Krautschicht. In dieser Schicht wachsen Pflanzen mit geringem Lichtbedarf.

AUFGABE

1 Zeichne ein Bild des tropischen Regenwaldes mit seinem Stockwerkbau und seiner Artenvielfalt.

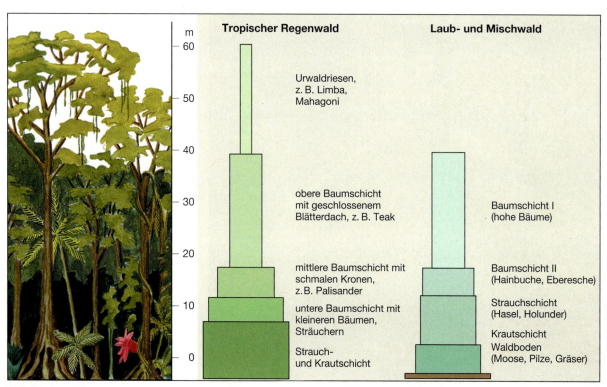

M2 Stockwerkbau im tropischen Regenwald

Die feuchtheiße Zone

Dichte Wälder auf armen Boden

Man könnte davon ausgehen, dass die besonders reiche Pflanzenwelt des Regenwaldes auf sehr fruchtbarem Boden wächst. Untersuchungen zeigen jedoch das Gegenteil. Der Boden ist alles andere als fruchtbar. Er ist extrem nährstoffarm.
Wie kann es dann zu einem solchen üppigen Pflanzenwachstum kommen?
Der Regenwald versorgt sich selbst, er lebt von abgestorbenen Pflanzenresten, die in dem feuchtheißen Klima schnell vermodern. Blätter, Äste und Baumteile fallen auf den Regenwaldboden und werden dort zum Beispiel durch Ameisen, Käfer, Termiten und Würmer zerkleinert. So werden Nährstoffe frei, die jedoch nicht in den Boden eindringen können. Sobald Regen fällt, werden die Nährstoffe in den Boden eingespült und Pilze, die an den Wurzeln der Pflanzen sitzen, nehmen diese auf und geben die Nährstoffe an die Pflanzen weiter. Ohne Wurzelpilze (Mykorrhizen) kann die Pflanzenwelt des Regenwaldes nicht überleben.
Im tropischen Regenwald sind die Nährstoffe aus einem toten Ast oder einem herabgefallenen Blatt schon nach 15 Tagen wieder in die Bäume zurückgewandert. Bei uns würde dieser Vorgang mehrere Jahre dauern. Weil die Pflanzen den größten Teil ihrer Nahrung aus abgestorbenen Pflanzen selbst wieder verwerten, spricht man von einem kurzgeschlossenen **Nährstoffkreislauf**.

AUFGABEN

2 Beschreibe den Nährstoffkreislauf des Regenwaldes (M3).

3 a) Werte das Klimadiagramm aus (M1).
b) Erkläre den Begriff Tageszeitenklima.

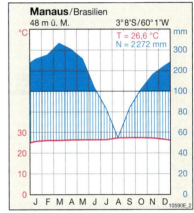

M4 Klimadiagramm Manaus

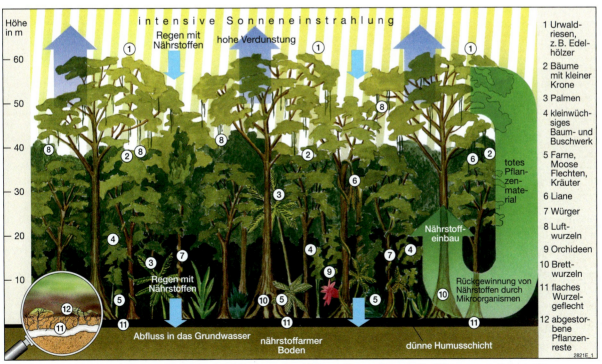

M3 Stockwerkbau und Nährstoffkreislauf (80 Prozent der Nährstoffe werden an die Pflanzen zurückgegeben, 20 Prozent gehen im Boden verloren)

Naturraum tropischer Regenwald

M1 Anophelesmücke

Tropenkrankheiten

Eine der bekanntesten Tropenkrankheiten ist Malaria. Die Weltgesundheitsorganisation geht davon aus, dass über 300 Millionen Menschen weltweit betroffen sind und jährlich ca. eine Million Menschen an den Folgen von Malaria sterben. In Deutschland wurden im Jahr 2010 617 Malariafälle gemeldet.

Malaria wird durch den Stich der Anophelesmücke übertragen. Sie ist hauptsächlich in den Abend- und Nachtstunden aktiv. Malaria äußert sich durch Fieberanfälle, die meistens von Schüttelfrost und Schweißausbrüchen begleitet sind. Die Krankheit kann zum Tode führen. Vom Stich bis zu den ersten Anzeichen der Krankheit vergehen etwa sechs Tage bis mehrere Jahre, was die Krankheit sehr gefährlich macht. Um sich vor Stichen zu schützen, wird das Schlafen unter Moskitonetzen empfohlen. Eine Impfung gegen Malaria gibt es noch nicht, jedoch einen guten Tablettenschutz.

Gelbfieber wird von der Gelbfiebermücke übertragen. Diese kann die Krankheit jedoch nur weitergeben, wenn sie einmal in ihrem Leben einen an Gelbfieber Erkrankten (Menschen oder Tier) gestochen und dessen Blut aufgesogen hat. Sie sticht hauptsächlich in den Morgenstunden. Die Erkrankung setzt nach drei bis sechs Tagen mit Fieber, Kopf- und Gliederschmerzen, Übelkeit und Erbrechen ein. Eine schwere Erkrankung kann sich anschließen und zum Tode führen. Gegen Gelbfieber kann man sich impfen lassen.

AUFGABEN

1 Welche Impfungen benötigt man für die Einreise nach Angola, Indonesien und Brasilien (M2, andere Medien)?

2 Fasse die wichtigsten Fakten über Malaria und Gelbfieber zusammen.

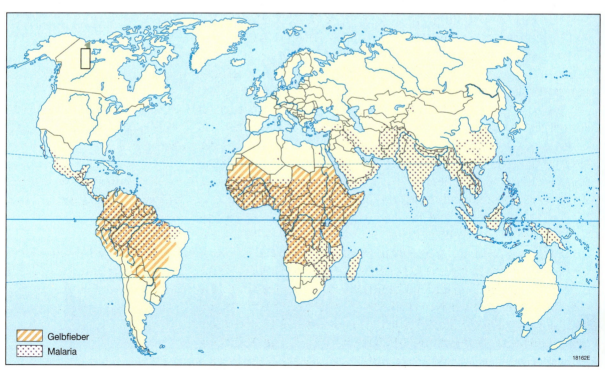

M2 Verbreitung der Tropenkrankheiten

Die feuchtheiße Zone

M3 Palmenlanzenotter

M4 Blüte des Chinarindenbaumes

INFO

Schamane

Der Schamane ist ein religiöses und spirituelles Oberhaupt. Schamanen bemühen sich um die Heilung von Krankheiten durch übernatürliche Mittel wie Magie und durch Heilkräuter. Sowohl männliche als auch weibliche Personen können Schamane werden.

Die größte Apotheke der Welt – der Regenwald

Der tropische Regenwald verfügt über einen enormen Artenreichtum. Er beherbergt Zehntausende unterschiedliche Pflanzen- und Tierarten, dies sind 40–50 Prozent der Arten auf der Erde. 4000 unterschiedliche Baumarten sind bekannt (in Europa nur etwa 40). In einer Baumkrone können bis zu 2000 verschiedene Insektenarten leben, wovon die meisten bis heute nicht erfasst sind. Dieser unglaubliche Artenreichtum hat eine Vielzahl heilender Pflanzen und tierischer Wirkstoffe hervorgebracht. Die Regenwaldbewohner und Heilkundige haben über Generationen die heilende Wirkung der Pflanzen untersucht. Aus 20 000 verschiedenen Pflanzenarten des Regenwaldes werden weltweit Arzneimittel gewonnen. Insgesamt stammen etwa ein Drittel aller unserer Heilmittel aus den Tropen. Der bis zu 30 m hohe Chinarindenbaum, der in den Bergregionen des nördlichen Südamerikas wächst, hat vielen Menschen schon das Leben gerettet. Seine Stamm-, Ast- und Wurzelrinde beinhaltet das bitter schmeckende Chinin. Dieses war das erste wirksame Mittel gegen Malaria und wird heute zusätzlich gegen Fieber, Keuchhusten, Verdauungsprobleme und Appetitlosigkeit eingesetzt.

Die Palmenlanzenotter lebt in den Bergwäldern von Panama und Costa Rica. Sie ist 60–80 cm lang. Ihr tödliches Gift wird in sehr geringen Dosen als blutdrucksenkendes Mittel verwendet.

Große Arzneimittelkonzerne forschen im Regenwald. Auf der Suche nach neuen Wirkstoffen für Medikamente befragen sie die Heilkundigen und Schamanen der Naturvölker, weil diese die Wirkungsweise und die Dosierung der Stoffe kennen. Durch dieses Wissen konnten neu entwickelte Medikamente erfolgreich verkauft und Millionengewinne erzielt werden. Meistens werden die Naturvölker nicht am Gewinn beteiligt. Diese Praxis nennt man Biopiraterie.

AUFGABEN

3 Nenne andere Tropenkrankheiten. Wähle eine aus und beschreibe sie (andere Medien).

4 Erkläre, warum der Regenwald auch als Apotheke bezeichnet werden kann.

5 Diskutiert die Biopiraterie in der Klasse. Wie stehst du dazu? Begründe deine Meinung.

Das Klima des tropischen Regenwaldes

M1 Die Klimazonen der Erde

Das tropische Klima

Elf Monate im Jahr jeden Tag der gleiche Ablauf: Der nebelige Morgen geht in einen schwül-heißen, manchmal auch sonnigen Vormittag über. Ab etwa 14 Uhr ziehen hoch aufragende und dunkle Wolkenberge auf. Am späteren Nachmittag entladen sie sich zumeist in heftigen Gewittern mit anhaltenden Regenfällen. Gegen Morgen lassen die Regenfälle nach. Zurück bleiben aufsteigende Nebelschwaden über den Überschwemmungsflächen der angeschwollenen Flüsse und der dichten Vegetation.

M2 Wetterablauf eines typischen Tages in den feuchten Tropen

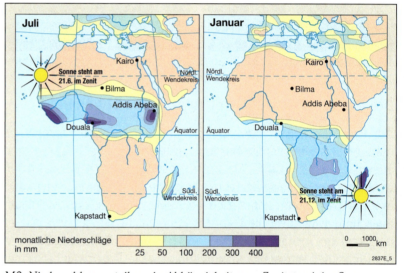

M3 Niederschlagsverteilung in Abhängigkeit vom Zenitstand der Sonne

Kurz nach Sonnenaufgang beginnt die Sonne heiß vom Himmel herab zu brennen. Die Temperatur steigt schon am Vormittag auf über 40 °C an, keine Wolke zeigt sich. Der trockene und heiße Wind, der über das Land weht, lässt alle Pflanzen verdorren. Mittags ist der Boden so aufgeheizt, dass man ihn nicht mehr berühren mag. Die Luft darüber beginnt zu flimmern. Nach Sonnenuntergang sinkt die Temperatur so schnell ab, wie sie am Morgen gestiegen ist. In der Nacht kann es frieren.

M4 Wetterablauf eines typischen Tages in den trockenen Tropen

INFO
Regenzeiten in Afrika

Der Bereich am Äquator, in dem der Nordostpassat und der Südostpassat zusammenströmen (= konvergieren), wird auch als Innertropische Konvergenzzone (ITC) bezeichnet. Die in dieser Zone aufsteigenden feucht-heißen Luftmassen verursachen starke Regenfälle. Diese Zone verlagert sich im Jahresverlauf mit dem Zenitstand der Sonne und bewirkt so Regenzeiten, die nach Norden und Süden hin immer geringer ausfallen.

AUFGABEN

1 a) Beide Texte beschreiben das Tropenklima. Welche Gebiete sind gemeint (M2, M4)? Begründe deine Entscheidung.
b) Beschreibe die Klimadiagramme und ordne sie einem Gebiet zu (M6, M7).

2 a) Begründe die hohen Temperaturen in den Tropen.
b) Nenne weitere klimatische Kennzeichen der Tropen.

3 Erkläre den Zusammenhang zwischen Temperatur, Luftdruck und Wind (M5).

4 a) Erläutere die Unterschiede in der Niederschlagshöhe und -verteilung in den Tropen.
b) Überlege Konsequenzen für den Pflanzenwuchs.
c) Führe die Experimente aus M8 durch.

Die feuchtheiße Zone

Regenzeiten in Afrika

Die Tropen erstrecken sich von den Regenwaldgebieten am Äquator bis zu den Wüsten an den Wendekreisen. Am Äquator erhitzen die steil auftreffenden Sonnenstrahlen den Boden. Die Luft erwärmt sich und steigt auf. Am Boden entsteht ein **Tiefdruckgebiet**. In der Höhe kühlt die Luft wieder ab. Es kommt zur Wolkenbildung und es beginnt zu regnen, denn kalte Luft kann weniger Wasserdampf speichern.

Die Luft weicht zu den Polen hin aus, sinkt ab und erwärmt sich wieder. In Bodennähe entwickelt sich deshalb ein **Hochdruckgebiet**. Die Wolken lösen sich auf, so regnet es nahe der Wendekreise fast nie. Da sich Luft immer von einem Hochdruckgebiet zu einem Tiefdruckgebiet bewegt, strömt die Luft aus den Wüstengebieten zurück zum Äquator. Diese Bewegung der Luft nehmen wir als Wind wahr. Dieser Kreislauf ist ständig in Bewegung und wird als **Passatkreislauf** oder **innertropische Zirkulation** bezeichnet. Die Winde, die zum Äquator hin wehen, bezeichnet man als **Passatwinde**. Die Drehung der Erde lenkt die Winde ab, sodass sie nicht genau aus Norden oder Süden, sondern aus Nordost und Südost wehen.

Im Laufe eines Jahres wandert die Erde um die Sonne. Die Neigung der Erdachse gegenüber der Umlaufbahnebene verändert sich dabei nicht, sie beträgt konstant 23,5°. So verändert sich auch der Einfallswinkel der Sonnenstrahlen ständig. Der Zenitstand der Sonne verschiebt sich bis zu den Wendekreisen nach Norden im Nordsommer und nach Süden im Südsommer. Die Wendekreise grenzen die Tropen von den Subtropen ab. Dem Sonnenstand folgen die Regenfälle als Regenzeiten bis in die Savannengebiete und wieder zurück. Den Regen, der dem senkrechten Sonnenstand folgt, nennt man **Zenitalregen**.

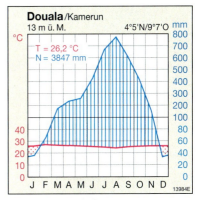

M6 Klima von Douala/Kamerun

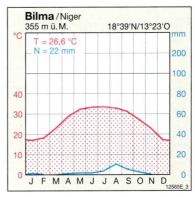

M7 Klima von Bilma/Niger
(Zur Auswertung von Klimadiagrammen siehe S. 52/53)

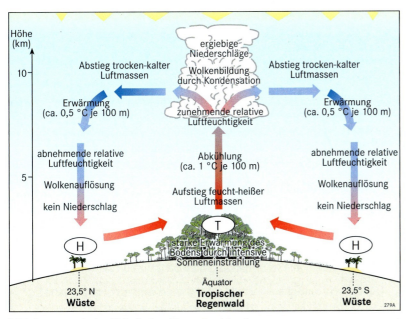

M5 Innertropische Zirkulation (Passatkreislauf)

Luftdruck
Fülle eine leere 1,5-l-Plastikflasche mit heißem Wasser. Gieße das Wasser wieder ab und verschließe die Flasche sofort danach mit dem Schraubverschluss. Warte einige Minuten. Beschreibe deine Beobachtung und finde eine Erklärung.

Wind
Zünde 5–8 Teelichter an und stelle sie anschließend kreisförmig auf, wobei der Kreisdurchmesser etwa 20 cm betragen sollte. Achte auf die Kerzenflammen. Beschreibe deine Beobachtung und finde eine Erklärung.

M8 Experimente

Referate anfertigen und halten

INFO

Referat

Der Begriff stammt aus dem Lateinischen. Es handelt sich um einen Bericht oder einen Vortrag über spezielle Sachverhalte. Dieser wird schriftlich verfasst und mündlich vorgetragen.

Zitieren

Im Referat ist es erlaubt, Textteile aus Büchern oder anderen Quellen zu übernehmen. Diese müssen jedoch durch Anführungszeichen gekennzeichnet und die Quelle angegeben werden.
Beispiel:
Raffaele, Paul: Pygmäen – Zwischen Steinzeit und Moderne. London 1998.

Jeder wird während seiner Schulzeit, Ausbildung oder im Beruf Themen selbstständig erarbeiten und sicher auch ein Referat zu einem bestimmten Thema anfertigen und halten müssen.

So hältst du ein Referat und präsentierst deine Ergebnisse

1. Sammle Informationen zu deinem gewählten Thema (z. B. Lexika, Fachbücher, Fachzeitschriften, Internet).
   Überlege, welche Inhalte du unbedingt an deine Zuhörerinnen und Zuhörer weitergeben willst.
   Konzentriere dich auf die wichtigsten Inhalte und bringe sie in eine sinnvolle Reihenfolge.
   Bereite eine Gliederung für die Zuhörerinnen und Zuhörer auf Folie oder an der Tafel vor.
   Notiere wichtige Inhalte in Stichpunkten auf einem Zettel oder im Heft.

2. Überlege, welche Inhalte du durch welche Materialien für die Zuhörerinnen und Zuhörer veranschaulichen willst.
   Wähle geeignete Anschauungsmöglichkeiten (z. B. Tabelle, Foto, Schema, Diagramm) zu einer interessanten und anschaulichen Darstellung aus.

3. Bemühe dich um ein sicheres Auftreten.
   Lies nicht von deinem Stichwortzettel oder aus deinem Heft ab.
   Bemühe dich um einen freien Vortrag in angemessener Lautstärke und mit entsprechender Betonung.
   Beziehe deine vorbereiteten Materialien in deinen Vortrag mit ein.
   Schaue deine Zuhörerinnen und Zuhörer während des Referats an.

4. Wähle eine anschauliche und interessante Form der Präsentation aus (z. B. Plakat, Wandzeitung, Folie, kleine Ausstellung)

Leben im tropischen Regenwald

1. Lebensbedingungen
   1.1 Klima
   1.2 Boden
   1.3 ...
2. Völker des tropischen Regenwaldes
   2.1 Pygmäen
   2.2 Bantu
   2.3 ...
3. Leben zwischen Tradition und Moderne
   3.1 Traditionelle Lebensformen
   3.2 Moderne Lebensformen
   3.3 ...

M1 Mögliche Gliederung eines Referats zum Thema „Leben im tropischen Regenwald"

Gewusst wie

Die feuchtheiße Zone

M2 Merkzettel für Vorbereitung und Durchführung eines Referats

M3 Während des Referats

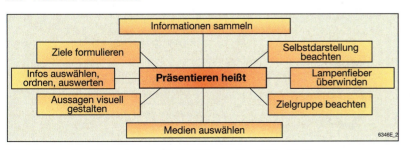

M4 Allgemeine Hinweise zur Vorbereitung einer Präsentation

AUFGABEN

1 Wähle aus dem Kapitel „Tropischer Regenwald" ein Thema aus und halte dazu ein Referat.

2 a) Informiere dich über moderne Präsentationsmedien und -formen (Internet).
b) Nenne Vor- und Nachteile, die sie für deine Präsentation haben könnten.

3 Erarbeite Stichpunkte, die
a) zur Bewertung eines Referates und
b) zur Bewertung einer Präsentation wichtig sind.

Projektarbeit im Erdkunde-Unterricht

Projektablauf

1. Vorbereitung: Gruppenbildung (ideal: 3er- oder 4er-Gruppen), Festlegung der Beurteilungskriterien, der Themen und des Bearbeitungszeitraumes
2. Aufgabenverteilung in den Gruppen (klare Absprachen sind hilfreich!)
3. Erarbeitung
4. Zusammentragen der Ergebnisse
5. Planung und Vorbereitung der Präsentation (siehe M1)
6. Präsentation
7. Reflexion

Südostasien im Projekt erschließen

Auf Seite 34/35 folgt ein Fallbeispiel aus Südostasien. Vorher sollt ihr euch den Raum selbstständig in einem Projekt erschließen. Den genauen Projektablauf besprecht ihr zu Beginn am besten mit der ganzen Klasse und klärt alle Fragen.

Ihr könnt verschiedene Themenbereiche erarbeiten, zum Beispiel Landwirtschaft, Industrie oder Tourismus in Südostasien. Jede Gruppe entscheidet sich für einen speziellen Themenschwerpunkt. Legt euch für eure Themen einen Projektleitfaden an. Der Kasten links mit den sieben Aufgaben kann als Hilfe dienen. Von Anfang an müsst ihr beachten, dass ihr die Ergebnisse euren Mitschülerinnen und Mitschülern präsentieren sollt.

Wichtig ist auch, dass ihr am Ende eure Ergebnisse bei der Präsentation miteinander vernetzt. Das bedeutet, dass ihr die geographischen Zusammenhänge verdeutlicht.

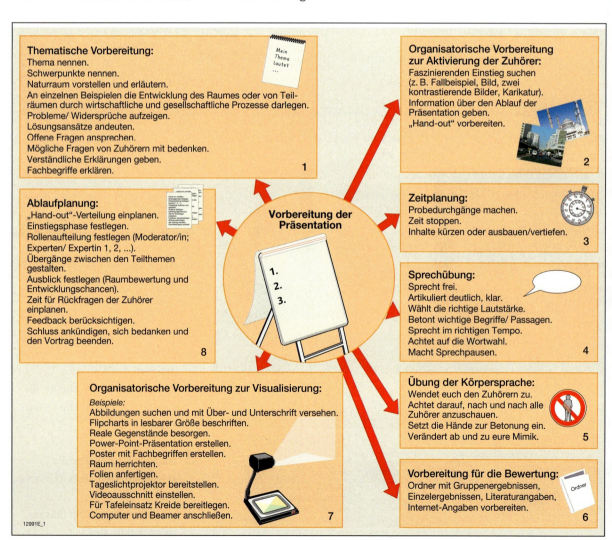

M1 Dies muss bei der Vorbereitung der Präsentation beachtet werden!

Atlasarbeit mit neuen Medien

Gewusst wie

Deine Atlaskarte im Internet

Auf der Internetseite www.diercke.de findest du deine Atlaskarte in drei verschiedenen Ausführungen. Dazu musst du unter dem Menüpunkt „Karten" die ISBN-Nummer deines Atlas (Rückseite) und die Seitenzahl deiner Atlaskarte eingeben. Dann erscheint deine Atlaskarte mit einigen Erläuterungen darunter.

Auf der rechten Seite stehen dir nun direkte Links zur Verfügung, die deinen Kartenausschnitt in Google Earth und Google Maps anzeigen. Mit dem Online-Schlüssel für den Diercke-Globus kannst du deine Karte direkt auf den Globus legen und zahlreiche Funktionen anwenden.

M3 Wirtschaftskarte Südostasiens im Diercke-Globus

Geographische Informationssysteme (GIS) im Internet

Mit einem Klick auf die Weltkugel am rechten Rand gelangst du auf der Internetseite www.diercke.de zum Diercke WebGIS. Dort findest du digitale Karten, die zahlreiche Informationen beinhalten. Unter dem Menüpunkt Asien gelangst du beispielsweise zur Karte „Entwicklungsstand in Süd- und Ostasien". Sie stellt den sogenannten **„menschlichen Entwicklungsindex (HDI)"** farblich dar.

Um die genauen Daten eines Landes zu erfahren, musst du in der linken Leiste den Informationslayer vor dem Punkt „Menschlicher Entwicklungsindex (HDI) in Süd- und Ostasien" aktivieren und die Karte neu zeichnen. Anschließend klickst du auf den Abfragebutton in der Werkzeugleiste und wählst auf der Karte das entsprechende Land aus. Das Suchergebnis wird rechts oben angezeigt.

Eine genauere Unterteilung der Kategorien kannst du über das Klassifizierungs-Symbol in der linken Leiste (hinter der Jahreszahl) erzeugen. Die genaue Beschreibung findest du in dem sich neu öffnenden Fenster „Klassifikation".

🔍+	Vergrößern des Kartenausschnittes.
🔍-	Zurückkehren von der Detailansicht in eine übersichtlichere Karte.
🔍	Anzeigen der gesamten Kartengröße.
🔍	Zurückkehren zur letzten Kartenansicht.
	Setzen des Kartenausschnittes auf das selektierte Kartenthema.
✋	Verschieben des Kartenausschnittes.
i	Abfrage von Layer-Informationen in den dahinterliegenden, aktivierten Datenquellen.
✏	Aufheben der Selektion von Objekten.
↔	Berechnen von Entfernungen.
x,y	Ermittlung der Koordinaten am angeklickten Punkt.
🖨	Drucken der aktuellen Kartenausgabe.

M4 Funktionen der Werkzeuge im Diercke WebGIS

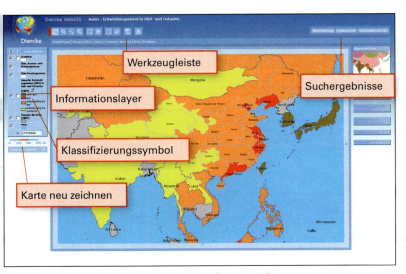

M2 Diercke WebGIS: Lebensstandard in Süd- und Ostasien

AUFGABEN

1 Ermittle die Daten zum HDI der Philippinen.

2 Fertige eine neue Klassifikation der Karte „Lebensstand in Süd- und Ostasien" an.

Projekt

Biodiesel aus Palmöl

Klima	feuchttropisch
Boden	Lehm/Roterden
Relief	ebenerdig
Höhenlage	unbedeutend

M1 Anbaubedingungen von Palmöl

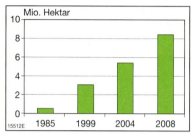

M2 Anbauflächen in Indonesien

AUFGABEN

1 Stelle die Ursachen und Folgen des Palmöl-Booms für Malaysia und Indonesien in einer Kausalkette dar (siehe S. 62/63).

2 a) Beschreibe die räumliche Situation auf der Ölpalmplantage Ophir (Atlas, Karte: Singapur/Indonesien, Ophir [West-Sumatra]).
b) Beurteile die Wirksamkeit der nachhaltigen Bewirtschaftung der Ophir-Plantage.

3 Überlege, inwiefern wir in Deutschland mit unserem Handeln den tropischen Regenwald schützen können.

Palmöl aus Malaysia und Indonesien

In den vergangenen Jahren ist Palmöl ein globaler Exportschlager geworden. Die Ursache liegt in der verstärkten Nutzung des Palmöls für Biodiesel. Durch die zunehmenden Klimaschutzbemühungen ist die weltweite Nachfrage deutlich angestiegen, zumal die anderen Pflanzenöle (z. B. Rapsöl) wesentlich teurer sind. Die Weltagrarorganisation FAO geht sogar von einer Verdopplung der Nachfrage bis 2030 aus. So will beispielsweise Malaysia einen verpflichtenden Wechsel von Diesel auf Biokraftstoffe möglichst bald umsetzen.

Dies ist insofern nicht überraschend, da über 80 Prozent der weltweiten Palmölproduktion jährlich aus Malaysia und Indonesien kommen. Vor allem auf den Inseln Sumatra und Borneo haben die Flächen zur Palmölproduktion zugenommen. Es verschwinden in Indonesien pro Minute umgerechnet sechs Fußballfelder tropischen Regenwaldes. Mittlerweile sind dort nur noch ein Viertel der Wälder intakt, in Malaysia sogar nur noch ungefähr ein Achtel.

Die Umweltfreundlichkeit des Palmöls ist deshalb fraglich. In Malaysia werden die Plantagen auf Kosten des tropischen Regenwaldes angelegt. Für die Erschließung wird gerade in Indonesien Brandrodung betrieben, bei der viel CO_2 entsteht. Teilweise werden auch Landwirtschaftsflächen in neue Plantagen umgewandelt. Dadurch wird die Reis- und Gemüseernte zwangsläufig zurückgehen, was einen Preisanstieg zur Folge haben wird.

Für die Bevölkerung bedeuten die Plantagen noch aus einem anderen Grund eine Zunahme der Armut. Durch die neuen Plantagen verlieren viele Familien ihren Grund und Boden. Lebten sie vorher von der Subsistenzwirtschaft, so sind sie nun oft gezwungen, für wenig Geld als Tagelöhner zu arbeiten. Häufig müssen die Kinder auf den Plantagen Unkraut jäten, da den Familien das Geld für die Schulbildung fehlt. Stark betroffen von den neuen Megaplantagen sind auch die Orang-Utans. Da ihr natürlicher Lebensraum immer mehr zurückgedrängt wird, begeben sie sich auf die Plantagen zur Nahrungssuche. Dort fallen sie häufig Jägern zum Opfer. So hat sich die Zahl der Orang-Utans in Indonesien seit 1999 halbiert.

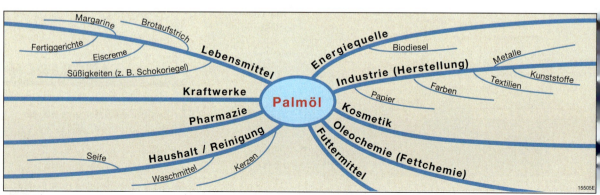

M3 Mindmap zur Nutzung von Palmöl

Projekt

Die feuchtheiße Zone

Das Wohlfühl-Zertifikat

In der vergangenen Woche wurde in Rotterdam die erste Lieferung von ökologisch produziertem Palmöl gefeiert. Die Organisation „Runder Tisch für nachhaltiges Palmöl" (RSPO), die das weltweit erste Ökosiegel für Palmöl aufgelegt hat, hatte zur Feier geladen.
Doch die Partystimmung ist längst verflogen. Denn pünktlich zur ersten Lieferung vertrieb ausgerechnet Greenpeace die gute Laune. In einem Gutachten legte die Umweltschutzorganisation dar, dass die Lieferung des malaysischen Palmölproduzenten United Plantation keineswegs den RSPO-Kriterien für nachhaltig hergestelltes Palmöl genüge. United Plantation zerstöre weiterhin Regenwald.
Ungeachtet der Probleme hält Astrid Deilmann vom WWF [World Wide Fund For Nature] ein Ökosiegel für unerlässlich, „weil der Bedarf an Palmöl so hoch ist und stetig steigt". Mit 30 Millionen Tonnen pro Jahr ist das Öl aus den Früchten der Ölpalme inzwischen das wichtigste Pflanzenöl der Welt. Nach Berechnungen des WWF bringt Palmöl nur dann einen Vorteil für das Weltklima, wenn die Ölpalmen auf Brachland angebaut werden und kein Regenwald für sie gerodet wird.

(Nach: www.sueddeutsche.de, 22. November 2008)

M4 Ökosiegel für Ölpalmplantagen

Die Ölpalmplantage in Ophir (West-Sumatra)

Normalerweise wird die Palmölproduktion nur von Großbetrieben durchgeführt. Mit der Einführung der sogenannten Nukleus-Plantagen Anfang der 1980er-Jahre änderte sich dies: Im Umfeld einer Kernfläche (Nukleus) mit einer Fabrik und deren Arbeitern werden weitere Flächen an Kleinbauern vergeben.
Die Ölpalmplantage am Fuß des Ophir-Vulkans in West-Sumatra ist ein gelungenes Beispiel hierfür. Die 3 200 ha große Nukleus-Plantage wird von der staatlichen indonesischen Plantagengesellschaft bewirtschaftet. Die angrenzenden 4 800 ha wurden unter 2 400 Kleinbauern aufgeteilt, die nun in vier umliegenden Dörfern wohnen. Durch eine umfangreiche Ausbildung lernten die Kleinbauern die Plantagen zu bestellen und gleichzeitig die Umwelt zu schonen. Finanziert wird das Projekt unter anderem durch deutsche Entwicklungsorganisationen.

M5 Ölpalm-Bewirtschaftung von Kleinbauern

Projektleitfaden „Landwirtschaft"

1. Wählt mithilfe des Atlas ein landwirtschaftliches Produkt, das in einem Land oder einer Region in Südostasien angebaut wird.

2. Stellt in einer Tabelle die Anbaubedingungen zu eurem Produkt wie Klima, Boden, Höhenlage und Relief dar (Atlas, Internet, Lexikon).

3. Beschreibt mithilfe eines Fließdiagramms den Anbauzyklus zu eurem Produkt.

4. Erstellt eine thematische Weltkarte mit den wichtigsten Anbauländern von eurem Produkt.

5. Zeigt mithilfe eines Schaubildes, was aus eurem landwirtschaftlichen Produkt gewonnen wird.

6. a) Recherchiert im Supermarkt, aus welchen Ländern euer Produkt in Deutschland angeboten wird.
b) Stellt eure Ergebnisse in einem Diagramm dar.

7. Erstellt eine Übersicht der aktuellen Nachrichten und kritischen Berichte über euer landwirtschaftliches Produkt.

M6 Auf einer Ölpalmplantage

M7 Orang-Utan auf Sumatra

Gewusst wo

Afrika

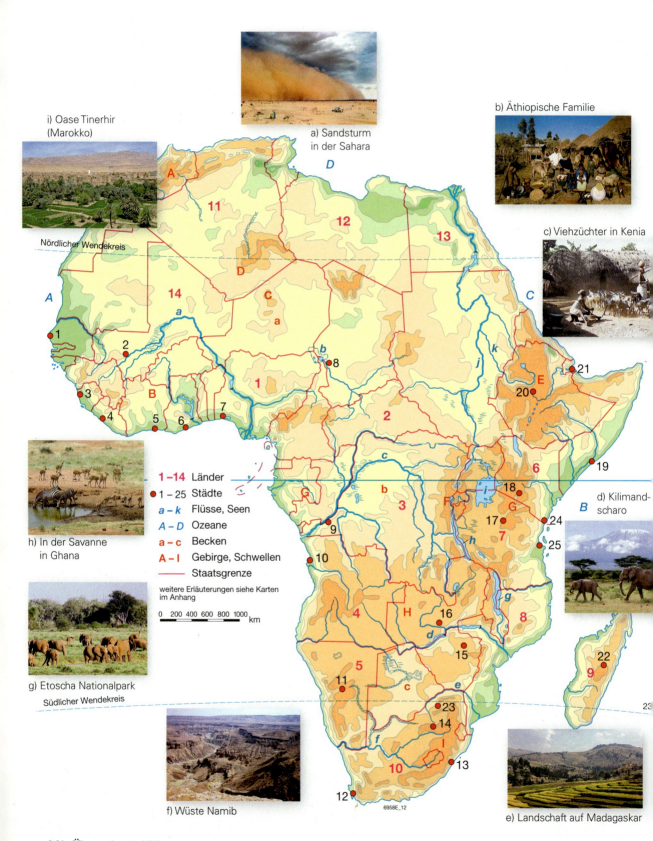

M1 Übungskarte Afrika
Bearbeite M1. In welchen Ländern/Regionen wurden die Fotos a) bis i) aufgenommen (Atlas, Internet)?

Asiatisch-pazifischer Raum

Gewusst wo

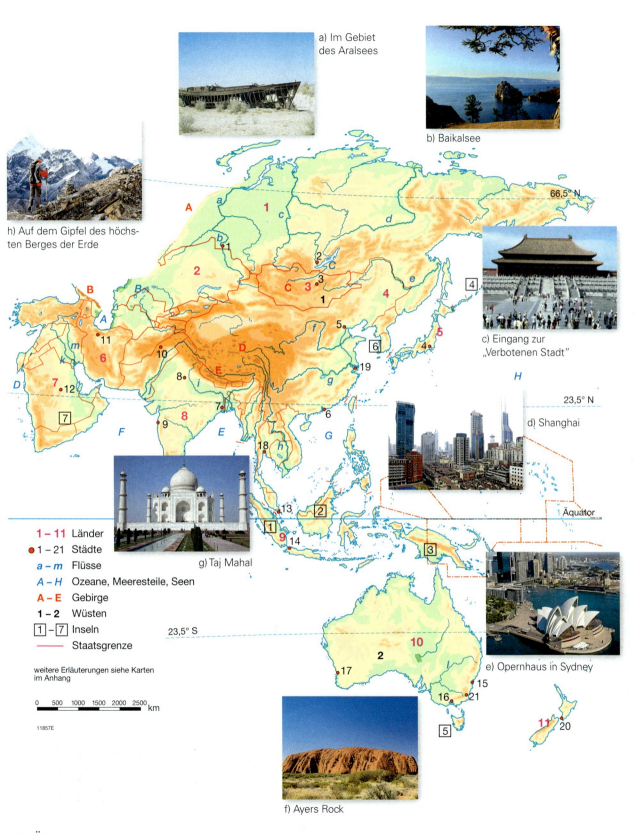

M2 Übungskarte asiatisch-pazifischer Raum
Bearbeite M2. In welchen Ländern/Regionen wurden die Fotos a) bis h) aufgenommen (Atlas, Internet)?

Die Nutzung des tropischen Regenwaldes

Landwirtschaft im Regenwald

Die **Brandrodungen** zur Schaffung neuen Ackerlandes sind bis heute stark verbreitet. Der traditionelle **Wanderfeldbau** (Shifting Cultivation) ist jedoch der **Landwechselwirtschaft** gewichen.

Früher wanderten die Bauern weiter, sobald der Boden keine guten Ernteerträge mehr hervorbrachte und legten neue Felder an. Bei der Landwechselwirtschaft wechselt dagegen die Landnutzung auf den Feldern zwischen Acker- und Grünland. Das ermöglicht den Menschen eine langjährige Sesshaftigkeit.

Nachdem das Feld intensiv genutzt wurde, wird eine mehrjährige Waldbrache zwischengeschaltet. So können sich wieder genug Nährstoffe im Boden ansammeln.

Die Erträge der Landwechselwirtschaft dienen hauptsächlich der Selbstversorgung. Das Eingreifen in die Natur findet hier maßvoll statt und kann deshalb als angepasste Landnutzungsform verstanden werden.

Sobald jedoch zur Selbstversorgung die Fremdversorgung hinzutritt, reicht die Landwechselwirtschaft nicht mehr aus.

Beim **Dauerfeldbau** werden Regenwälder großflächig gerodet, Baumstümpfe entfernt und die neuen Felder maschinell bearbeitet. Eine Waldbrache oder Ruhezeiten zur Regeneration des Bodens sind gar nicht möglich.

Diese Art der dauerhaften Landnutzung sichert zwar in den ersten Jahren eine ausreichende Nahrungsmittelerzeugung, die Bodenqualität nimmt jedoch ab. Die kostbaren Nährstoffe und die Oberschicht des Bodens werden durch den Regen abgetragen (M1). Der ausgelaugte und ausgewaschene Boden bleibt zurück und ist für das Pflanzenwachstum dauerhaft verloren.

Menge der Abtragung (in Tonnen pro Jahr bei einer Fläche von 4000 m²)

dichter Wald mit Unterholz
0 Tonnen

Mais
30 Tonnen

keine Pflanzendecke
60 Tonnen

M1 Bodenerosion an den Hängen mit gleicher Neigung, aber unterschiedlicher Bodenbedeckung

AUFGABEN

1 Erkläre den Begriff Wanderfeldbau.

2 Vergleiche die Erträge beim Maniokanbau (M5). Welche Schlüsse ziehst du?

3 Nenne Vor- und Nachteile der Landwechselwirtschaft und des Dauerfeldbaus.

4 Begründe, warum die Agroforstwirtschaft eine nachhaltige Nutzungsform im tropischen Regenwald ist und Wälder schützen kann (M4).

M2 Brandrodungsfeld

Die feuchtheiße Zone

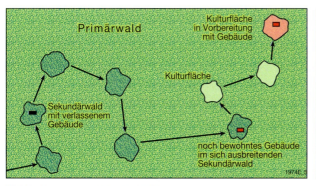

M3 Schema zum Wanderfeldbau

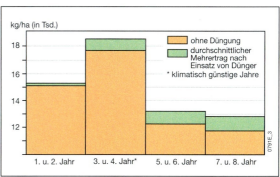

M5 Maniokernte im Dauerfeldbau

Nachhaltige Nutzung durch Agroforstwirtschaft

Brandrodungen, Dauerfeldbau und andere Faktoren führen zur Vernichtung des Regenwaldes. Nigeria hat zum Beispiel schon 90 Prozent seiner Wälder verloren.

Man ist deshalb auf der Suche nach Nutzungsmöglichkeiten, die die Ernährung der Bevölkerung sichern können, die Wälder aber schonen. Mit der **Agroforstwirtschaft** wird der Nährstoffkreislauf des Waldes genutzt. Die Bauern sollen sesshaft werden und ihr Land dauerhaft bewirtschaften. Dabei wird der Anbau an die Naturbedingungen angepasst.

Im Schatten einzelner Urwaldriesen werden Fruchtbäume angepflanzt. Zwischen den Bäumen wachsen in Mischkultur die Feldfrüchte. Der Boden wird sorgfältig mit Pflanzenresten und dem Dung der Tiere bedeckt. Diese angepasste Nutzung entnimmt dem Wald nur so viel, wie nachwachsen kann. Ob sich diese neue Wirtschaftsform durchsetzen wird, hängt aber von der Mitarbeit der Bevölkerung ab.

INFO
Nachhaltigkeit
Bewahrung und zugleich optimale Nutzung von Ressourcen der Umwelt zum Wohle der jetzigen und zukünftigen Generationen.

M4 Agroforstwirtschaft

AUFGABE

5 Beziehe Stellung zu der Aussage eines Einwohners in Kamerun: „Die Ernährung der Menschen ist uns wichtiger als der Regenwald."

Die Nutzung des tropischen Regenwaldes

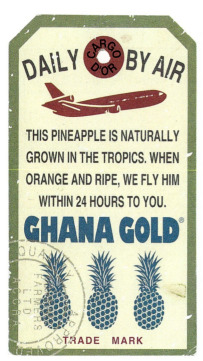

M1 Werbung für eine Plantagenfrucht

Plantagen – landwirtschaftliche Großbetriebe

In vielen Staaten des tropischen Regenwaldes gibt es Plantagen mit Flächen von mehreren tausend Hektar. Plantagen gehören oft großen internationalen Firmen. Sie verfügen über die notwendigen finanziellen Mittel, um Brandrodungen durchzuführen, Straßen zu bauen, Gebäude zu errichten, Maschinen zu kaufen, Arbeiter zu bezahlen und für den Export ihres Produktes zu sorgen. Diese Großbetriebe sind auf den Anbau mehrjähriger Nutzpflanzen oder Dauerkulturen spezialisiert. Wichtige Plantagenpflanzen sind zum Beispiel Bananen, Ananas, Kautschuk, Ölpalmen, Kaffee und Zuckerrohr. Staaten, die einer Ansiedlung von Plantagen zustimmen, sind hauptsächlich an dem Profit durch den Export der Plantagenfrüchte interessiert. So können sie Geld in die Entwicklung des Landes investieren.

Auf einer Plantage wird auf großen Flächen nur eine einzige Nutzpflanze angebaut, die für den Verkauf auf dem Weltmarkt bestimmt ist. Diese **Monokulturen** sind für Schädlinge und Krankheiten sehr anfällig. Um die Ernte zu sichern, müssen Pflanzenschutzmittel eingesetzt werden. Die Gifte gelangen in den Boden und von dort ins Grundwasser sowie in die Flüsse. Sie schädigen die Umwelt und beeinträchtigen die Gesundheit der Menschen. Plantagenarbeiter leiden oft unter Hautausschlägen, Augenkrankheiten und haben Probleme mit dem Magen und den Nieren.

AUFGABEN

1 Notiere die Merkmale einer Plantage.

2 Begründe, warum die Anzahl der Plantagen zunimmt.

3 Zeichne eine Lageskizze der Erde und trage die Verbreitung von Plantagenkulturen ein (Atlas).

M2 Palmölplantage in Südostasien

Die feuchtheiße Zone

Wichtige Plantagenkulturen

Kaffee

Die Kaffeepflanze stammt ursprünglich aus Äthiopien. Es gibt Kaffeebäume und -sträucher. Die Kaffeekirschen enthalten entweder einen rundlichen oder zwei bohnenförmige Samen. Nach der Ernte werden die Schalen entfernt. Man erhält die Kaffeebohnen. Diese werden in den Verbraucherländern geröstet. Dabei entwickeln sie ihr Aroma.

Ölpalme

Palmölplantagen findet man vor allem in Südostasien und Westafrika. Die Ölpalme ist ein wichtiger Fettlieferant. Sie wird 20 bis 30 m hoch. Jede Palme bringt jedes Jahr etwa fünf bis zehn Fruchtstände hervor, von denen jeder bis zu 50 kg schwer werden kann. Das Öl wird aus dem Fruchtfleisch gewonnen. Dies geschieht auf den Plantagen.

Kautschuk

Kautschuk wird aus der Rinde eines Baumes gewonnen, der zu den Gummi- und Harzpflanzen gehört. Er wird bis zu 30 m hoch und stammt aus den Regenwäldern am Amazonas in Südamerika. Um den Milchsaft (Latex) zu gewinnen, wird die Rinde der Bäume eingeschnitten. Der Saft tröpfelt in einen Becher, der am Baum angebracht ist.

Ananas

Die Ananas kommt vermutlich ursprünglich aus Mittelamerika. Aus den ährenartigen Blüten entwickeln sich sechs Monate später die reifen Früchte. Im nächsten Jahr blüht dann ein Seitentrieb und so setzt sich das Jahr für Jahr fort. Allerdings werden die Früchte immer kleiner. Deshalb setzt man schon nach drei Jahren neue Pflanzen.

Die Nutzung des tropischen Regenwaldes

M1 Baumwollblüte

Baumwolle und Kakao – zwei Exportprodukte Afrikas

Beide Plantagenfrüchte werden auch von Kleinbauern angebaut, die sich damit zusätzlich zum Anbau der Grundnahrungsmittel Geld verdienen.

*Hallo, mein Name ist Martha Busia,
zusammen mit meinem Mann lebe ich in Ghana. Wir bewirtschaften seit 1960 3 ha Land mit Kakaobäumen. Natürlich nicht für uns, sondern um den Kakao weiterzuverkaufen. Wir haben lange Zeit einen Zwischenhändler gehabt, der für uns den Export organisierte. So wie wir wirtschaften noch 350 000 weitere Bauern. Ghana hat sich der internationalen Kakao-Organisation angeschlossen, die dafür sorgen soll, dass die Preise stabil bleiben und nicht zu viel Kakao produziert wird. Wir freuen uns trotzdem immer, wenn der Weltmarktpreis steigt. Im Januar 2008 lag er bei 2200 US-$/t. Unser Land gehört mit zu den Hauptproduzenten von Kakao, verarbeitet wird er aber überwiegend in den Importländern. Hier werden nach dem Rösten und Mahlen Schokolade und Kakaopulver daraus hergestellt.*

*Hallo, mein Name ist Nosine,
meine Familie und ich leben in Benin. Wir bewirtschaften 1ha Land. Neben Maniok für uns bauen wir Baumwolle an. Mit dem Export von Rohbaumwolle erzielt unser Land etwa drei Viertel seiner Exporteinnahmen. Viele Jahre waren die Preise auf dem Weltmarkt so niedrig, dass wir sehr wenig Geld für unsere Baumwolle bekommen haben. Seit 2003 steigen die Preise wieder. In der Schule haben wir gelernt, dass wir das China zu verdanken haben, denn in China werden viele neue Textilfabriken errichtet. Die Ernte dort reicht nicht mehr aus, deshalb kauft China dazu. Unsere Baumwolle können wir viel billiger produzieren als die Industriestaaten, denn bei uns arbeitet die ganze Familie auf dem Feld mit. Weil wir die Baumwolle mit der Hand pflücken, ist auch die Qualität sehr gut. Trotzdem haben es mein Vater und die anderen Bauern hier schwer, denn andere Staaten, zum Beispiel die USA, unterstützen ihre Baumwollbauern, um die schwankenden Weltmarktpreise auszugleichen.*

AUFGABEN

1 a) Beschreibe die Wachstumsbedingungen für Kakao (Internet).
b) Finde die Hauptanbauländer von Kakao heraus (Atlas).

2 Bringe Ordnung in Nosines Bericht über die Baumwollproduktionskette (M2). Schreibe die Sätze in der richtigen Reihenfolge auf.

Die geerntete Baumwolle wird gewogen. Pro Pfund erhält mein Vater einen festgesetzten Preis (der sich am aktuellen Weltmarktpreis von zur Zeit 0,43 US-$ (März 2011) orientiert, abzüglich der Kreditsumme.

Die Baumwolle wird mit Lkws zur Entkörnungsanlage gebracht, wo die Fasern von den Samen getrennt werden.

Die Baumwollfasern werden in Spinnereien gereinigt und zu Fäden versponnen.

Die Stoffe werden zu Kleidung verarbeitet.

Mein Vater muss Saatgut kaufen.

Ihr kauft euch das T-Shirt für 9 Euro im Geschäft.

Das Saatgut wird auf die Felder ausgebracht.

Die Baumwollfasern werden in andere Länder exportiert.

Die Baumwollfäden werden zu Stoffen verwebt.

Die Kleidung wird von Deutschland importiert.

Zu Beginn und während der Anbausaison kauft mein Vater Düngemittel und Pestizide. Dafür nimmt er einen Kredit auf.

Die Baumwolle wird mit der Hand geerntet.

Mein Vater muss viel auf dem Feld arbeiten, vor allem um das Unkraut zu bekämpfen.

M2 Nosine beschreibt die Baumwoll-Produktionskette.

Die feuchtheiße Zone

Lebendiges Diagramm

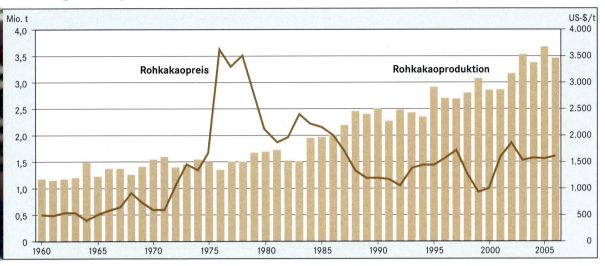

M3 Entwicklung der Rohkakaoproduktion und des Rohkakaopreises 1960 bis 2006

A Martha Busia überzeugt ihren Mann, endlich der Kakaobauernvereinigung beizutreten, die den produzierten Rohkakao selber vermarktet. Auf den Zwischenhändler, der die Preise oft drückte und unpünktlich zahlte, sind sie jetzt nicht mehr angewiesen. Die Kleinbauernorganisation erhält einen Mindestpreis von 1750 US-$ pro Tonne Kakao. In dem Jahr, in dem die Busias beitreten, bedeutet das 300 US-$ mehr als auf dem Weltmarkt zu erzielen wären.

B Noch nie wurde auf der Welt so viel Kakao produziert wie in diesem Jahr. Prompt fallen die Preise: Familie Busia erhält nur noch 389 US-$ pro Tonne.

C Martha Busia sorgt sich um die Ernährung der Familie, denn der Kakaopreis ist auf dem niedrigsten Niveau seit 27 Jahren. Doch aufgrund politischer Unruhen im Nachbarland Elfenbeinküste stockt bei dem größten Kakaoproduzenten der Welt die Ernte. Der Preis steigt plötzlich wieder. Frau Busia weiß nicht recht, ob sie sich darüber freuen soll …

D Im Fernsehen sieht Herr Busia, dass in Brasilien, Indonesien und Malaysia zunehmend neue, ertragreichere Züchtungen im Einsatz sind. Ihm wird klar, warum die Preise seit mehreren Jahren auf Talfahrt sind: Die Weltproduktion ist stetig angewachsen.

E Letztes Jahr war der Kakaopreis so niedrig, dass Robert Busia sich stärker um seine Bananenpflanzen kümmerte und die Pflege der Kakaobäume etwas vernachlässigte. Dieses Jahr ist der Kakaopreis wieder deutlich gestiegen. Wie ärgerlich, dass er nicht eine größere Menge ernten kann!

F Die Bäume, die Robert Busia Mitte der 1970er-Jahre gepflanzt hat, sind inzwischen sehr alt und tragen nur noch wenige Kakaofrüchte. Aber Herr Busia kann es sich derzeit nicht leisten, neue Kakaobäume zu pflanzen. Schließlich bekommt er in diesem Jahr nur noch ein Viertel des damaligen Preises.

G Der Weltmarktpreis für Kakao ist so hoch wie nie zuvor. Robert Busia kauft von den Erträgen einige neue Kakaobäume, obwohl er weiß, dass diese erst im Alter von fünf Jahren Früchte tragen werden.

AUFGABE

3 Man spricht von einem „Lebendigen Diagramm", wenn man einem Diagramm Erlebnisse und Lebensumstände der Menschen zuordnet.
a) Sieh dir das Diagramm genau an und lies die zugehörigen Aussagen.
b) Ordne jeder Aussage eine passende Jahreszahl zu. Dahinter notierst du die Begründung für deine Zuordnung. Das ist wichtig, denn vielleicht sortieren nicht alle deine Mitschüler die Aussagen genauso ein wie du.
c) Diskutiert in einer Abschlussbesprechung mit der ganzen Klasse über eure Zuordnungen.

Gewusst wie

Eine Wandzeitung anfertigen

So fertigst du eine Wandzeitung an

Suche geeignete Materialien (Bilder, Zeitungsartikel, Karten, Internettexte u. a.).

- Verfasse eigene knappe Texte zum Thema.
- Überlege eine Gliederung und klebe Texte mit Bildern und anderen Abbildungen kombiniert auf.
- Formuliere auch Fragen für eine Diskussion des Themas.

AUFGABE

1 Gestalte eine Wandzeitung zur verhängnisvollen Nutzung des Regenwaldes. Wähle ein Thema dieser Doppelseite aus.

Die „grüne Lunge" der Erde

Die Abholzung der tropischen Regenwälder ist eine ernste Gefahr für die gesamte Erde.

„Es ist, als hätten die Länder der Erde beschlossen, alle ihre Bibliotheken zu verbrennen ohne nachzusehen, was eigentlich darin steht." (Umweltwissenschaftler)

Nigeria: 90 % der Regenwälder zerstört!

Regenwald oder Rohstoffe?

Waldzerstörung durch Hamburger

Jede Minute 60 Fußballfelder Tropenwälder vernichtet!

SCHÜTZT DEN TROPISCHEN REGENWALD!

FSC

Brasilien schafft größtes Urwald-Schutzgebiet

Rio de Janeiro/dpa. Brasilien hat im Amazonas-Regenwald nach eigenen Angaben das größte Urwaldschutzgebiet der Erde geschaffen. Die sieben zusammenhängenden Nationalparks hätten eine Gesamtfläche von knapp 16 Mio. ha. Das Naturschutzgebiet ist damit knapp halb so groß wie Deutschland. In der Region im Bundesstaat Pará – der von Landkonflikten, illegaler Abholzung und der sklavenähnlichen Ausbeutung der Indios besonders schlimm betroffen ist – soll eine Strategie der nachhaltigen Entwicklung angewandt werden. Abholzung wird grundsätzlich verboten. Im gesamten Amazonas-Regenwald sind nun 42 Prozent der Fläche geschützt.

(Nach: Mitteldeutsche Zeitung vom 06.12.2006)

Verhängnisvolle Nutzung

Die wachsende Armut und der starke Bevölkerungsanstieg haben dazu geführt, dass der tropische Regenwald systematisch abgeholzt wird, um Nahrungsmittelpflanzen anbauen zu können.

Großflächig werden für Fleischproduzenten Flächen gerodet und zu Rinderweiden umgestaltet. Auch Soja-, Bananen- und Kautschukplantagen verschlingen große Flächen des tropischen Regenwaldes.

Das wasserreiche Amazonasbecken eignet sich für die Errichtung von Wasserkraftwerken. An zahlreichen Stellen wurden Staumauern gebaut. Die Stauseen überschwemmen den Regenwald.

In vielen Gebieten des tropischen Regenwaldes gibt es umfangreiche Vorkommen unterschiedlichster Bodenschätze. Riesige Tagebaue durchziehen die Landschaft. Rekultivierung wird nicht betrieben.

Der Einschlag von Edelhölzern führt zur Zerstörung großer Waldgebiete. Wird ein Urwaldriese gefällt, reißt er Dutzende von anderen Bäumen mit um. Es entsteht eine Schneise im Regenwald.

Für den Abtransport der Stämme werden Schneisen zu Straßen ausgebaut. Immer mehr Erschließungsstraßen zerschneiden den Regenwald. Die größte ist die Transamazônica.

Gewusst ...

Die feuchtheiße Zone

1. Der Stockwerkbau des tropischen Regenwaldes

Übertrage die Abbildung vereinfacht in dein Heft. Kennzeichne die Bereiche der einzelnen Stockwerke und ergänze diese mit den entsprechenden Fachbegriffen.

2. Satzchaos

Welche Satzhälften gehören zusammen?
Schreibe die Sätze in dein Heft oder deine Mappe.

(Achtung: Bei drei Sätzen fehlt das passende Ende – ergänze dieses selbst.)

1. Die Bantus sind ...
2. Bei der Brandrodung werden ...
3. Die abgebrannten Flächen werden ...
4. Maniok, Yams und Batate sind ...
5. Unter Wanderfeldbau versteht man ...
6. Der Boden im tropischen Regenwald ...
7. Wenn Dauerfeldbau betrieben wird, ...
8. Bei der Agroforstwirtschaft versucht man, ...
9. Mischkulturen haben den Vorteil, dass ...
10. Es ist wichtig, die Bauern von der Agroforstwirtschaft zu überzeugen, da ...

a) ... ist viel nährstoffärmer als die Böden bei uns in Deutschland.
b) ... Knollenfrüchte, die gekocht oder gebraten werden und deren Mehl zu Brei, Brot oder Fladen verarbeitet wird.
c) ... zuerst die kleinen Bäume und die Sträucher abgeschlagen, dann wird die Fläche abgebrannt.
d) ... eine Form der Landnutzung, bei der die Felder und oft auch die Siedlungen verlegt werden, wenn der Boden ausgelaugt ist.
e) ... fehlen die Brachezeiten und der Nährstoffkreislauf wird unterbrochen.
f) ... ein Naturvolk, das im tropischen Regenwald Afrikas lebt.
g) ... zum Anbau von Bananen, Mais und Knollenfrüchten genutzt.
h) ...
i) ...
j) ...

... gekonnt

tropischen Regenwald

3. Erstelle eine Mindmap zum Thema tropische Regenwälder.

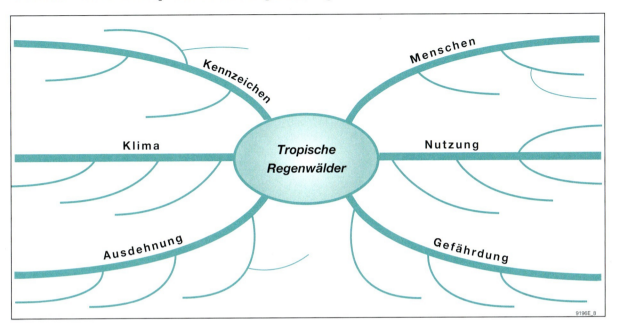

Was habe ich gelernt?

1. Ich kann die Verbreitung des tropischen Regenwaldes auf der Erde beschreiben.
2. Ich kann den Zusammenhang zwischen Vegetation und Böden des tropischen Regenwalds erklären.
3. Ich kann das Tageszeitenklima erklären.
4. Ich kann die Lebensweise der „Selbstversorger" im tropischen Regenwald erklären.
5. Ich kann den Wanderfeldbau im tropischen Regenwald erklären.
6. Ich kann die Plantagen- und die Agroforstwirtschaft erläutern.
7. Ich kann den Raubbau und die Schutzmaßnahmen im tropischen Regenwald erläutern.
8. Ich kann eine Projektarbeit im Erdkundeunterricht erstellen und präsentieren.

4. Erkläre die Karikatur.

49

Die wechselfeuchte Zone

M1 Giraffen am Kilimandscharo in der Dornstrauchsavanne

den Savannen Afrikas

Gewusst wie

Klimadiagrame auswerten

AUFGABEN

1 Werte eines der Klimadiagramme in M1 in fünf Schritten aus.

2 Vergleiche die Klimadiagramme in M1 und erkläre die unterschiedlichen Regen- und Trockenzeiten mithilfe von Seite 30/31.

In den Savannen: unterschiedliche Niederschläge

Der Naturraum der **Savannen** ist geprägt von der jahreszeitlich unterschiedlichen Verteilung der Niederschläge. Es gibt Regenzeiten und Trockenzeiten. Diese entstehen durch den Passatkreislauf (siehe S. 31 M5) und die Wanderung des Zenitstandes der Sonne (Text S. 31 unten).

Die unterschiedliche Niederschlagsverteilung zeigt M3 auf S. 30. Die Niederschläge beeinflussen das Wachstum der Vegetation. So entstehen aufgrund der unterschiedlichen Länge der Regenzeiten und der verschiedenen Regenmengen die drei Savannenarten: **Feuchtsavanne**, **Trockensavanne** und **Dornstrauchsavanne** (siehe S. 54).

So wertet ihr ein Klimadiagramm aus

Beschreibung

1. Suche im Atlas die Station, von der das Klimadiagramm stammt, eventuell mithilfe der Gradnetzangaben, und gib eine kurze Lagebeschreibung. Mache dir die Höhe der Station über dem Meeresspiegel klar (hoch oder weniger hoch gelegen). Nenne die mittlere Jahrestemperatur und die mittleren Jahresniederschläge.
2. Beschreibe den Gang der Temperatur und des Niederschlags von Januar bis Dezember. Beachte, dass ab 100 mm Niederschlag der Maßstab auf der Niederschlagsskala geändert sein kann: Jedem Teilstrich entsprechen statt 20 mm nun 100 mm Niederschlag. Gibt es ausgeprägte Trocken- und Regenzeiten? Nenne die Monate mit den höchsten und niedrigsten Werten (Maximum und Minimum).
3. Bestimme die Dauer der trockenen (ariden) und der feuchten (humiden) Zeit im Jahr: Wenn im Klimadiagramm die Niederschlagskurve höher ist als die Temperaturkurve, dann bezeichnet man diese Monate als feucht (humid). Es fällt dann mehr Regen als verdunsten kann. Liegt die Niederschlagskurve unter der Temperaturkurve, spricht man von trockenen (ariden) Monaten.

Erklärung

4. Nenne mögliche Gründe für den Gang von Temperatur und Niederschlag sowie für die Extremwerte.
5. Ordne das Klimadiagramm einer Landschaftszone zu.

Beispiel für eine schriftliche Auswertung (von M2):

1. Zinder liegt in Nordafrika im Süden des Staates Niger (13 Grad 48 Minuten Nord und 8 Grad 59 Minuten Ost). Der Ort liegt auf einer Höhe von 500 m über dem Meeresspiegel (vergleichbar mit Höhenlagen im Mittelgebirge). Die mittlere Jahrestemperatur beträgt 28 °C, es fallen ...

2. Die Temperatur steigt von Januar bis Mai um etwa 12 Grad Celsius (°C). Sie fällt dann bis Juli um zirka 7 °C, steigt bis Oktober um etwa 4 °C an und fällt wieder bis Dezember um etwa ... °C. Die Temperaturkurve hat also zwei Maxima: eines im ... mit 34°C und eines im Oktober mit ungefähr 31 °C. Das Temperaturminimum wird im Dezember mit etwa 22 °C erreicht.
Der Niederschlag setzt erst im April ein. Er steigt bis August zügig an. In diesem Monat fallen ... mm Regen. Nach diesem Maximum lässt der Niederschlag wieder sehr schnell nach. Ab November ist es niederschlagsfrei. Es gibt also eine Regenzeit von Mai bis in den Oktober und dann eine Trockenzeit wiederum bis zum Mai.

3. Insgesamt ist vom Juli bis September der Niederschlag höher als die Verdunstung; es sind also humide Monate. Oktober bis Juni sind ... Monate.

4. Es fällt auf, dass die Regenzeit mit den zwei Zenitständen der Sonne zusammenhängt. Wenn die Sonne auf der Südhalbkugel im Zenit steht, fällt überhaupt kein Niederschlag.

5. Die Station könnte an der Grenze der Trockensavanne liegen.

Gewusst wie

Die wechselfeuchte Zone

Wofür brauchen wir Klimadiagramme?

Von der Verteilung der Niederschläge über das Jahr ist das Leben in der Savanne abhängig. Dies zeigen Klimadiagramme. Ein Klimadiagramm gibt u.a. Auskunft über die durchschnittliche Jahrestemperatur und die Temperaturschwankungen im Laufe des Jahres sowie über die Summe der Niederschläge, die im Jahr sowie in den einzelnen Monaten fallen. So kann man die Länge der Regenzeiten und die Trockenzeiten erkennen.

Weiterhin kann man Aussagen darüber machen, welche Monate feucht (humid) und welche trocken (arid) sind. Das ist wichtig für das Leben und Wirtschaften der Menschen, denn in trockenen Monaten sind die Niederschläge so gering, dass sie sofort verdunsten und damit für Menschen, Tiere und Pflanzen gar nicht oder kaum nutzbar sind.

Alle Angaben in einem Klimadiagramm sind Durchschnittswerte, die in einem Zeitraum von 30 Jahren gemessen wurden.

M3 Lage der Klimastationen

www.klimadiagramme.de

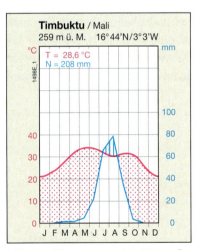
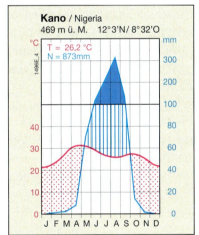
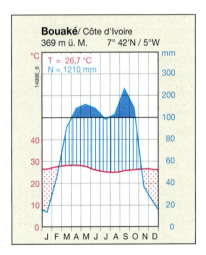

M1 Das Klima unterschiedlicher Savannenstationen

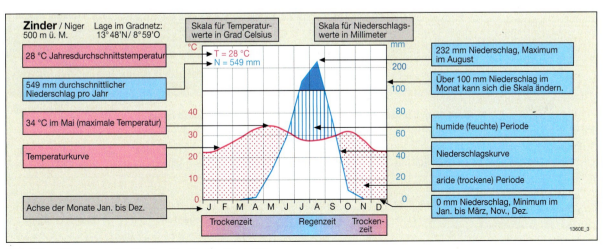

M2 Klimadiagramm der Station Zinder im Staat Niger

Naturraum Savanne

M1 Savannen in Afrika

Regenzeiten – Trockenzeiten

Zwischen den immerfeuchten Regenwäldern am Äquator und den Wüsten an den Wendekreisen nimmt der Niederschlag stetig ab. Hier erstrecken sich die tropischen Grasländer, die Savannen.

In den *Feuchtsavannen*, in die der Regenwald übergeht, gibt es, nachdem die Sonne im Zenit gestanden hat, zwei kräftige **Regenzeiten**. Zusammen können sie bis zu zehn Monate dauern.

Die Landschaft wird geprägt von weiten Ebenen, in denen das Gras mannshoch werden kann. Vereinzelt kommen Wälder vor. Kurz nach Beginn der Regenzeiten ist das Gras saftig, an Bäumen und Büschen sprießen Blätter und Blüten. Für die Tiere und die Menschen gibt es dann reichlich Wasser und Nahrung.

In den **Trockenzeiten** jedoch, wenn über Wochen oder gar Monate kein Regen fällt, dörrt das Land aus, das Gras wird gelb und nur an Flüssen und Wasserlöchern findet man noch grüne Pflanzen. So wandern in Afrika riesige Herden mit Millionen von Gnus und Zebras immer in die Gebiete, in denen gerade Regenzeit herrscht.

Weiter in Richtung der Wendekreise schließen sich die *Trockensavannen* an. Hier gibt es nur noch eine Regenzeit. Sie kann bis zu sechs Monate dauern. Dann fällt so viel Niederschlag, dass sogar noch dichte Gräser, Büsche und auch vereinzelt Bäume gedeihen können.

In Richtung der Wendekreise schließen sich an die Trockensavannen die *Dornstrauchsavannen* an. Dort ist es sehr trocken. Es regnet nur einige Wochen im Jahr. Wenige Gräser und Dornsträucher können hier wachsen.

Die Dornstrauchsavannen gehen in die *Wüsten* über.

AUFGABEN

1 a) Beschreibe die Lage der drei Savannenarten in Afrika (M1).
b) Erstelle eine Tabelle der Länder Afrikas, die Anteil an den drei Savannenarten haben (M1, Atlas).

2 Beschreibe die Vegetation in den drei Savannenarten (M2).

Wüste (am Wendekreis)	Dornstrauchsavanne	Trockensavanne	Feuchtsavanne	Tropischer Regenwald (am Äquator)
Jahresniederschläge unter 250 mm	Jahresniederschläge 250–500 mm	Jahresniederschläge 500–1000 mm	Jahresniederschläge 1000–1500 mm	Jahresniederschläge über 1500 mm
ganzjährig große Trockenheit, nur selten kurze kräftige Gewitter	2–4 Monate Regenzeit	4–6 Monate Regenzeit	6–10 Monate Regenzeit	ganzjährig hohe Niederschläge

M2 Von der Wüste zum Regenwald (Modell)

Die wechselfeuchte Zone

Warten auf den Regen

Durch die intensive Sonneneinstrahlung herrschen ganzjährig hohe Temperaturen. Regen- und Trockenzeiten wechseln ab. Zum Überleben der Menschen, Pflanzen und Tiere ist Wasser jedoch lebenswichtig. Alle warten auf Regen. In den Monaten des Sonnenhöchststandes herrscht heiße und trockene Luft vor, erst dann beginnt es zu regnen. Durch die Luftströmungen nimmt die Regendauer in Richtung der Wendekreise ab, wie auch die Vegetation. An den tropischen Regenwald (Äquatornähe) schließt sich somit die Feuchtsavanne und Trockensavanne an, die Dornstrauchsavanne bildet den Übergang zur Wüste.

„Feuerlandschaft" Savanne

In Gebieten mit trockenem Klima brennt es fast regelmäßig, so auch in den Savannen. Durch Blitzschlag ausgelöste Feuer spielen hier jedoch eher eine untergeordnete Rolle. Der Mensch legt gezielt Feuer, um das Grasland vom abgestorbenen Pflanzenmaterial zu befreien. Etwa alle ein bis drei Jahre geht ein Großteil der Savannen in Flammen auf. Gräser und Sträucher verbrennen und Asche bleibt zurück. Diese hält Nährstoffe für die neu entstehende Vegetation bereit. Zusätzlich werden so neue Flächen für die Land- und Weidewirtschaft geschaffen.
Zahlreiche Pflanzen und Tiere haben sich den regelmäßigen Bränden bereits angepasst. Zum Problem wird das Feuer nur, wenn es außer Kontrolle gerät und Siedlungen sowie bestehende Felder bedroht. Dann muss ein Savannenbrand gelöscht werden.

M4 Grasende Gnus

M3 Feuer in der Savanne

AUFGABEN

3 Nenne Gründe für die Notwendigkeit von Savannenbränden.

4 Erkläre, warum die Niederschläge in Richtung der Wendekreise abnehmen.

Anpassungen an den Lebensraum Savanne

M1 Affenbrotbaum (Baobab)

M4 Schirmakazie

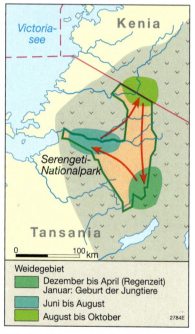

M2 Die Jahreszeitliche Wanderung von Zebras und Gnus im Serengeti-Nationalpark

Anpassung der Pflanzen- und ...

Die wechselfeuchten Gebiete sind geprägt durch Trocken- und Regenzeiten. Weite Graslandschaften bestimmen das Bild der unterschiedlichen Savannentypen. An die hier herrschenden klimatischen Bedingungen hat sich die Flora (Pflanzenwelt) angepasst. Die Pflanzen haben unterschiedliche Strategien zur Wasserspeicherung und gegen die Austrocknung entwickelt.

Der Affenbrotbaum besitzt in seinem dicken Stamm ein schwammartiges Speichergewebe. Wie auch der Schwamm in der Badewanne, kann dieses Gewebe Wasser aufnehmen. Somit kann der Affenbrotbaum über Monate Wasser speichern. Dornbüsche haben sehr kleine Blätter. Dadurch kann nur wenig Wasser verdunsten und der Großteil des Wassers der Pflanze zugeführt werden. Die Dornen schützen die Pflanze zusätzlich vor hungrigen Tieren.

M3 Antilope

M5 Elefant

Die wechselfeuchte Zone

M6 Nashorn

M8 Wasserstelle in der Savanne

... Tierwelt an den Lebensraum

Nicht nur die Flora, sondern auch die Fauna (Tierwelt) musste sich an die Lebensumstände anpassen. Das Zebra ist ein Meister der Tarnung. Im Sonnenlicht verschwimmen die typischen Streifen. Somit kann es vom Raubtier nur schwer erspäht werden.

Die Antilopen haben als Schutz vor Raubtieren ein schnelles Fluchtverhalten entwickelt. Junge Antilopen können schon kurz nach der Geburt laufen.

Der Gepard, ein Raubtier, das bis zu 110 km/h schnell sein kann, jagt vorwiegend in der Savanne. Er benötigt den gras- und strauchbedeckten Boden der Savanne, um sich anzuschleichen. Seine Höchstgeschwindigkeit kann der Gepard nur für etwa 400 m aufrecht erhalten. Die leichten Hügel dienen ihm als Spähplatz, um seine Beute ins Visier zu nehmen.

M7 Auf Safari

AUFGABEN

1 Tiere und Pflanzen haben sich dem Wechsel von Regen- und Trockenzeit angepasst. Erläutere.

2 Erforsche die Anpassung von Schirmakazie, Löwe und Giraffe an das Klima der Savanne (z. B. Internet).

3 Erläutere die jahreszeitliche Wanderung von Zebras und Gnus im Serengeti-Nationalpark (M2).

Landwirtschaft in der Savanne

M1 Hirse auf einem Feld

Hirse – das Grundnahrungsmittel der Savanne

Hirse ist eine sehr alte Kulturpflanze. Man fand Hirse schon als Grabbeigaben in den Pyramiden des alten Ägyptens. Dies zeigt den hohen Stellenwert des Getreides, von dem es über 100 verschiedene Sorten gibt.

Aus Hirse wird bis heute Brot hergestellt. Als Speisebeilagen hat sie jedoch in Europa durch Reis, Mais und Kartoffeln an Bedeutung verloren. Hirse findet man kaum noch auf unserem Speiseplan.

In Afrika ist Hirse bis heute ein Hauptnahrungsmittel geblieben, da sie eine sehr anspruchslose Pflanze ist. Dort, wo es für den Anbau anderer Getreidearten bereits zu trocken ist, kann Hirse noch gedeihen. Ein anderer Vorteil der Hirse ist die kurze Reifezeit. Bereits nach drei Monaten kann man dieses Getreide ernten. Zusätzlich lässt es sich in den Speichern (meist kleine runde Gebäude aus luftgetrocknetem Lehm) für lange Zeit lagern.

Durch die Vergärung von Hirse gewinnt man auch Bier und Branntwein. Die Pflanzenreste dienen als Viehfutter.

M2 Hirseernte

AUFGABEN

1 Erkläre, warum Hirse das Hauptnahrungsmittel der Savanne ist.

2 „Hirse ist ein Multitalent." Begründe diese Aussage.

3 Erkläre den Begriff Cash Crop.

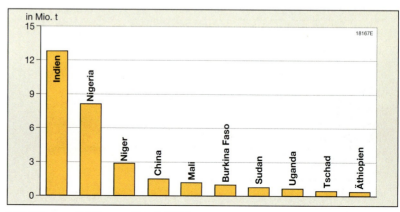

M3 Hirseproduktion weltweit 2010

Erdnüsse – der Exportschlager aus der Savanne

In den Savannengebieten Afrikas wird Hirse zur Eigennutzung angepflanzt. Doch einige Pflanzen – wie die Erdnuss – werden nur für den Export angebaut (**Cash Crops**). Der Export bringt dem Ausfuhrland Geld, das der wirtschaftlichen Entwicklung nutzt. Der Anbau von Cash Crops hat auch Nachteile. Um mehr Geld einzunehmen und ihren Lebensstandard zu heben, bauen die Kleinbauern vermehrt Cash Crops an. Die Hirseproduktion geht damit zurück. Das Hauptnahrungsmittel der Savanne wird somit teurer. Da die Bauern auf den Erlös aus dem Erdnussanbau angewiesen sind, wird dafür der beste Boden verwendet, was den Hirseertrag wiederum reduziert. Kommt es jedoch zu einer Erdnussmissernte, können sich die Bauern nicht mehr das Saatgut für die nächste Anbausaison leisten. Hungersnöte können die Folge sein. Um eventuelle Ernteausfälle oder Nahrungsmittelknappheit abzumildern, unterstützen viele Länder den Bau von Vorratsspeichern und den Anbau von **Mischkulturen**.

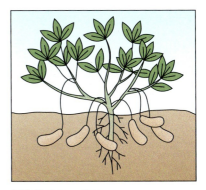

M6 Erdnusspflanze

M7 Erdnüsse

M4 Erdnussprodukte

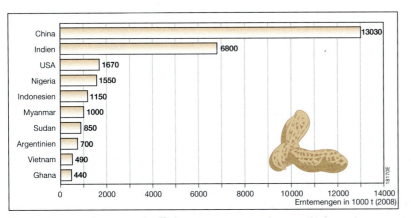

M5 Erdnussproduzenten der Erde

AUFGABEN

4 Erläutere, zu welchen Problemen der Anbau von Cash Crops führen kann.

5 a) Nenne Erdnussprodukte, die du selbst verwendest.
b) Recherchiere die Verwendung von Erdnussöl in Kosmetikprodukten (andere Medien).

6 Hirse wird vorrangig für den Eigenbedarf und Erdnüsse werden für den Export angebaut. Inwieweit zeigen das die Diagramme (M3, M5).

Die Sahelzone – ein gefährdeter Naturraum

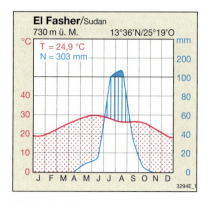

M1 Klimadiagramm von El Fasher

Der Sahel – ein gefährdeter Naturraum

Das Wort **Sahel** bedeutet Ufer. Dieses Ufer bildet den Übergang von der Trockensavanne oder Dornstrauchsavanne zur Wüste. Die Sahelzone ist ein dürregefährdetes Gebiet. Fast drei Viertel des Jahres herrscht Trockenheit. Fällt in den wenigen Monaten der Regenzeit nur wenig oder gar kein Niederschlag, verdorrt das Gras auf den Weiden. In feuchteren Jahren geht der Niederschlag oft in wenigen sturzflutartigen Regengüssen nieder. Das Wasser versickert zum Teil. Ein großer Teil fließt hingegen an der Oberfläche ab, da es nicht in den festen Boden eindringen kann. Das Leben in der Sahelregion verlangt den Bewohnern sehr viel ab, denn die Anpassung an diesen Lebensraum ist schwierig. Viehzüchter müssen oft lange Wanderrouten zurücklegen, da die Tiere schnell die spärlichen Weiden abgegrast haben. Viele Länder versuchen mithilfe von Geld aus dem Ausland die Wasserversorgung der Bevölkerung zu verbessern.

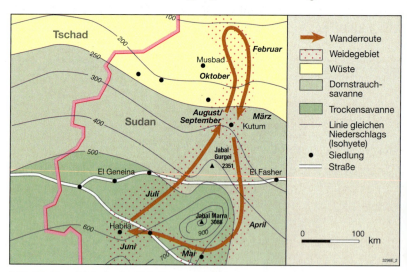

M3 Weidegebiete in der Sahelzone

M2 Einer von wenigen Brunnen in der Sahelzone

Die wechselfeuchte Zone

Der Sahel – Übernutzung durch Ackerbau

Am südlichen Rand des Sahel kann während der Regenzeit Ackerbau betrieben werden. Die Bauern roden dann die spärliche Vegetation, verbrennen die Äste und Büsche und verwenden die Asche zur Düngung. Anschließend säen sie Hirse und hoffen auf den Regen, der nicht immer in ausreichender Menge fällt. Die Felder können jedoch nur wenige Jahre bearbeitet werden, denn dann gehen die Ernteerträge zurück. Der Boden ist ausgelaugt und die Bauernfamilien wandern weiter. Sie betreiben Wanderfeldbau. Die Bevölkerung und die Größe der Viehherden im Sahel hat in den letzten Jahren zugenommen. Somit müssen die Anbauflächen stetig vergrößert und Weiderouten ausgedehnt werden. Gräser oder kleine Sträucher können nicht wachsen, da die Hufe der Rinder, Schafe und Ziegen die kleinen Pflanzentriebe zertreten. Die **Bodenerosion** kann ungehindert wirken.

Die Wüste breitet sich aus. Man nennt das **Desertifikation**. Diese ist am deutlichsten daran zu erkennen, dass sich die Sanddünen der Wüsten weiter in Richtung Savanne verlagern. Sie dringen heute schon weit in die Gebiete ein, in denen Dauerfeldbau betrieben wird. Die natürliche Vegetation wächst hier nicht mehr nach.

Mangelware Holz

Holz ist der einzige Brennstoff in den Ländern des Sahel. Da es weder Kohle, Erdgas noch Erdöl gibt, muss das Essen auf Holzfeuerstellen zubereitet werden. Auch als Baumaterial ist Holz unentbehrlich.
Die Frauen und Kinder einer Familie sind ständig auf Holzsuche. Die Umgebung der Dörfer ist bereits abgeholzt. So müssen sie weit laufen, um Bäume und trockene Äste zu finden. Immer öfter werden dabei aber grüne Äste oder junge Bäume abgeschlagen.

M5 Holz als Brennstoff

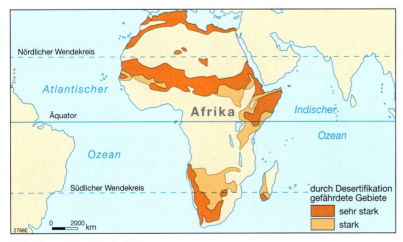

M4 Desertifikation in Afrika

AUFGABEN

1 Experiment: Fülle Erde in eine Schale und lasse diese zwei Wochen stehen. Gieße dann die Erde. Beschreibe, was du beobachtest.

2 Nenne Gebiete in Afrika, die von der Desertifikation betroffen sind (M4).

3 Werte das Klimadiagramm in M1 aus (siehe S. 52).

4 Begründe den Verlauf der Wanderroute der Nomaden und beziehe die Fakten aus dem Klimadiagramm ein (M1, M3).

5 Nenne Auswirkungen des intensiven Ackerbaus im Sahel.

6 Begründe, warum Holz der wichtigste Energieträger im Sahel ist.

61

Gewusst wie

Ein Wirkungsgefüge anfertigen

Zusammenhänge kann man mithilfe eines sogenannten Wirkungsgefüges verdeutlichen. Es strukturiert und ordnet Textinhalte und besteht aus mehreren Kausalketten (lateinisch „causa": Ursache, Grund).

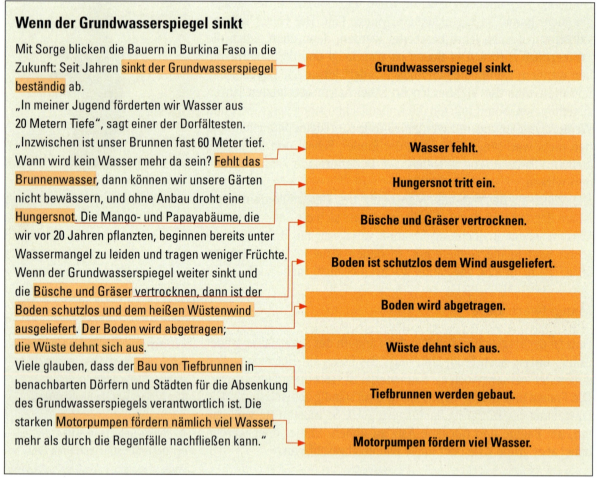

Wenn der Grundwasserspiegel sinkt

Mit Sorge blicken die Bauern in Burkina Faso in die Zukunft: Seit Jahren sinkt der Grundwasserspiegel beständig ab.
„In meiner Jugend förderten wir Wasser aus 20 Metern Tiefe", sagt einer der Dorfältesten. „Inzwischen ist unser Brunnen fast 60 Meter tief. Wann wird kein Wasser mehr da sein? Fehlt das Brunnenwasser, dann können wir unsere Gärten nicht bewässern, und ohne Anbau droht eine Hungersnot. Die Mango- und Papayabäume, die wir vor 20 Jahren pflanzten, beginnen bereits unter Wassermangel zu leiden und tragen weniger Früchte. Wenn der Grundwasserspiegel weiter sinkt und die Büsche und Gräser vertrocknen, dann ist der Boden schutzlos und dem heißen Wüstenwind ausgeliefert. Der Boden wird abgetragen; die Wüste dehnt sich aus.
Viele glauben, dass der Bau von Tiefbrunnen in benachbarten Dörfern und Städten für die Absenkung des Grundwasserspiegels verantwortlich ist. Die starken Motorpumpen fördern nämlich viel Wasser, mehr als durch die Regenfälle nachfließen kann."

- Grundwasserspiegel sinkt.
- Wasser fehlt.
- Hungersnot tritt ein.
- Büsche und Gräser vertrocknen.
- Boden ist schutzlos dem Wind ausgeliefert.
- Boden wird abgetragen.
- Wüste dehnt sich aus.
- Tiefbrunnen werden gebaut.
- Motorpumpen fördern viel Wasser.

M1 Wassermangel in Burkina Faso

M2 Brunnen in Burkina Faso

M3 Kausalkette – Teil eines Wirkungsgefüges

Gewusst wie
Die wechselfeuchte Zone

So fertigst du ein Wirkungsgefüge an

1. Markiere oder unterstreiche im Text wichtige Begriffe oder Aussagen.
2. Notiere die Begriffe oder Aussagen stichwortartig auf einzelnen Zetteln.
3. Ordne die Zettel so, dass logische Folgen (Ursache – Wirkung) entstehen. Überlege sehr genau, mit welchen Stichwörtern du das Wirkungsgefüge beginnen und mit welchen du es beenden willst. Schreibe in der gewünschten Anordnung der Reihenfolge nach Zahlen auf die Zettel.
4. Schreibe die Stichwörter nacheinander auf und verbinde die Aussagen mit Pfeilen. Die Pfeile haben immer die Bedeutung: „bewirkt", „hat zur Folge".
5. Überlege, ob mehrere Gründe für eine Wirkung verantwortlich sind. Schreibe die Aussagen dann nebeneinander und markiere durch Pfeile, was sie bewirken. Du kannst sie auch mit Pluszeichen verbinden.
6. Überlege, ob die Zettel auch in einer anderen Ordnung gelegt werden können und sich daraus andere Folgerungen ergeben können.

M5 Zunehmende Niederschläge im Sahel – Zettel für eine Kausalkette

Um den Wassermangel der niederschlagsärmeren Savannen zu mildern, wurden mit Geldern aus europäischen Ländern Tiefbrunnen gebohrt. Sie sollen eine „Lebensversicherung" der Bewohner in Jahren mit wenig Regen sein und gleichzeitig sauberes Trinkwasser liefern. Damit könnte auch der Tod von Tausenden Kindern, die an den Folgen von verschmutztem Wasser sterben, vermieden werden.
Die scheinbar unbegrenzte neue Wasserversorgung verleitet die Viehzüchter, noch größere Herden zu halten und länger in Brunnennähe zu bleiben. Verschmutzung des Grundwassers und Überweidung sind die Folgen. Die Tiere fressen die Pflanzen bis auf die Wurzeln ab, sodass diese oft absterben.
Dem empfindlichen Savannenboden droht noch eine weitere Gefahr: Die Hufe der Tiere reißen die obere Bodenschicht auf. Jetzt kann der Wind angreifen und den Boden forttragen. Die Desertifikation setzt ein. Weil auch der Grundwasserspiegel sinkt, müssen neue Tiefbrunnen gebohrt werden. Damit beginnt ein verhängnisvoller Kreislauf.

M4 Tiefbrunnen und ihre Folgen

AUFGABEN

1 a) Fertige zu dem Text in M4 eine Kausalkette an.
b) Verbinde diese Kausalkette mit der von M3 zu einem Wirkungsgefüge, das zwei Hauptäste erhält. Beginne mit: Der Bau von Tiefbrunnen.

2 Marc hat einen Text gelesen, der die Folgen der zunehmenden Niederschläge in der Sahelzone während der letzten Jahre behandelt. Er hat Zettel mit wichtigen Textaussagen angelegt. Die Zettel sind durcheinandergeraten (M5). Ordne sie in einer sinnvollen Reihenfolge.

Gewusst wie

Ein Rollenspiel durchführen

Nutzungskonflikte im Sahel – ein Rollenspiel

Am Beispiel der Diskussion zwischen einem Hackbauern und einem Viehnomaden könnt ihr im folgenden Comic einige Argumente der betroffenen Bevölkerungsgruppen erkennen. Greift diese Argumente auf und führt zum Thema Nutzungskonflikte im Sahel ein Rollenspiel durch.

So führt ihr ein Rollenspiel durch

Vorbereitung:

Erarbeitet euch einen Überblick über die Sahelzone. Wertet dazu die vorangehenden Lehrbuchseiten aus.

Durchführung

- Jeder/jede von euch wählt sich eine Person aus, die er/sie spielen möchte.
- Lest den Comic genau durch und findet Argumente, die ihr in die Diskussion einbringen möchtet.
- Gruppenarbeit: Alle Schülerinnen und Schüler mit gleicher Rolle arbeiten gemeinsam an einem Standpunkt, den jeder Vertreter/jede Vertreterin der Gruppe einzeln in der Runde verteidigen muss. Überlegt euch gute Begründungen.
- An der Diskussionsrunde nimmt je ein Vertreter/eine Vertreterin pro Gruppe teil und versucht nun, die Diskussion durch gute Argumente voranzubringen.

Moderator/Moderatorin

Der Moderator/die Moderatorin führt in das Thema ein, stellt die einzelnen Personen vor und leitet die Diskussion. Er/sie macht Zeitvorgaben zum Ablauf und achtet auf die Einhaltung der besprochenen Gesprächsregeln. Nach einer angemessenen Problemdiskussion fasst er/sie die Ergebnisse zusammen.

Der Boden ist leider nicht so lange nutzbar. Die Erträge werden immer geringer. Früher konnte ich fünf Jahre auf einem Feld arbeiten und nach ca. 20 Jahren kam ich wieder zur gleichen Fläche zurück. Das ist heute undenkbar. In Dürrezeiten wird es noch schlimmer.

Meine Herde umfasst 20 Kamele, 20 Rinder, 20 Ziegen und 15 Schafe. Ich möchte sie noch weiter vergrößern. Aber das Leben wird immer schwieriger. Die Brunnen sind weit entfernt und versiegen. Ich habe keine Weidefläche mehr für mein Vieh.

Die Tiefbrunnen sind in der Regenzeit nur für die Menschen da.

Sicher, doch wir brauchen Wasser für unsere Familie und das Vieh. Meine Familie besteht aus 6 Mitgliedern. Wir benötigen 150 l Wasser täglich, die Ziegen und Schafe brauchen 15 l und die Esel etwa 30 l.

Wir brauchen dieses Land, um die Ernährung der Bevölkerung zu sichern. An das Anlegen von Vorräten ist kaum noch zu denken. Eure Herden werden auch immer größer. Warum müsst ihr sie ständig erweitern?

Gewusst wie
Die wechselfeuchte Zone

Was du als Moderator/Moderatorin in der Diskussion beachten solltest

Du
- bist unbeteiligte/er Dritter/Dritte,
- lässt alle Meinungen zu,
- verbündest dich nicht mit den Diskutierenden,
- beruhigst die Runde,
- bevorzugst oder benachteiligst niemanden,
- fasst die Ergebnisse zusammen,
- versuchst Zukunftsaussichten vorzustellen.

Beobachter/Beobachterin

Als Beobachter/Beobachterin kann man durch Fragen am aktuellen Geschehen teilnehmen. Die Zuschauer schätzen die Leistung der einzelnen Schüler ein. Dabei kommt es darauf an, ob die Argumente gut durchdacht und logisch sind, die Darstellung überzeugend, sprachlich und mimisch passend ist, die Rolle also gut gespielt wurde.

Checkliste für den Beobachter/die Beobachterin

- Schauen sich die Gesprächspartner an?
- Ist die Rede verständlich?
- Dürfen die Gesprächspartner ausreden?
- Werden die Argumente der Gesprächspartners beachtet?
- Bleiben alle Teilnehmer/Teilnehmerinnen beim vorgegebenen Thema?
- Werden andere Meinungen akzeptiert?

Leben in der Trockensavanne

AUFGABEN

1 Fertige eine Tabelle an. Vergleiche darin das Leben von Khadija und einem 13-jährigen Mädchen in der Schweiz (M3).

2 Finde Hirserezepte (Internet). Gestalte zu deinem Gericht eine A4-Seite.

Kindsein in der Trockensavanne Westafrikas

Khadija Ouadreogo ist 13 Jahre alt und lebt in Samba, einem Dorf, das etwa 200 km von der Hauptstadt Burkina Fasos entfernt ist. Mitten in der Trockensavanne gelegen, regnet es dort nur sehr selten. Es gibt keine asphaltierten Straßen, keine Elektrizität und keine Geschäfte. Doch lassen wir Khadija selbst erzählen:

„Meine Mutter, meine sechs Geschwister und ich leben alle gemeinsam in einer Hütte. Es ist recht eng. Manchmal besucht uns mein Vater. Er hat noch drei weitere Frauen und viele Kinder. Wir sind Muslime, aber wie viele andere Verwandte glauben wir auch an Naturgeister. Seit ich 7 Jahre alt bin, gehe ich in die 10 km entfernte Schule. Dort habe ich in unserer Amtssprache, das ist Französisch, lesen und schreiben gelernt. Meine Mutter ist sehr stolz auf mich. Sie selbst spricht nur den Dialekt unseres Stammes. Lesen und schreiben hat sie nie gelernt. Schon nächstes Jahr werde ich die Schule verlassen und heiraten. Als ich fünf Jahre alt war, hat mich mein Großvater dem Sohn einer befreundeten Familie versprochen. Meinen Kindern werde ich das beibringen, was mir meine Mutter gezeigt hat: wie man Hühner füttert, Hirse stampft und Gemüse anbaut. Aber auch, wie man sich schön macht oder Pflanzen als Medikamente verwendet. Hoffentlich dringt die Wüste nicht immer weiter vor und zwingt uns, irgendwann Samba zu verlassen, denn ich lebe gern hier."

M3 Khadija berichtet aus ihrem Leben.

M1 Hirsestampfen

M2 Spielen

M4 In der Schule

Die wechselfeuchte Zone

Tagesablauf einer Frau in der Savanne

Safiatou Ouadreogo, Khadijas Mutter, ist 29 Jahre alt. Wie die meisten Frauen in Schwarzafrika sieht sie ihre Aufgabe darin, für ihren Mann zu arbeiten, Kinder zu bekommen und ihre Familie zu ernähren. Dazu besitzt sie ein eigenes Feld, einen Garten und verfügt über eigenes Haushaltsgeld.

Der Tag von Frau Ouadreogo beginnt im Morgengrauen mit dem Gang zu dem zwei Kilometer entfernten Brunnen. In einem Wasserkrug trägt sie etwa 25 Liter Wasser nach Hause. Dann macht sie Feuer und bereitet das Frühstück vor. Am frühen Vormittag arbeitet sie auf ihrem Feld, im Garten oder hütet die Ziegen. Anschließend bearbeitet sie die Hirsefelder ihres Mannes.

Kein Dorfbewohner besitzt Maschinen oder einen Pflug, sie sind zu teuer und ihr Einsatz würde die Austrocknung des Bodens beschleunigen. Daher ist die Hacke ihr einziges Arbeitsgerät. Bei den hohen Temperaturen ist der **Hackbau** eine sehr schwere Arbeit. Nach der Feldarbeit sucht Frau Ouadreogo Brennholz, holt Wasser, braut Hirsebier und bereitet nach Sonnenuntergang Hirsebrei, eine scharfe Soße und Gemüse für das Abendessen vor. Gegen 21 Uhr endet ihr Arbeitstag.

Seit zwei Jahren ist Frau Ouadreogo Mitglied einer Frauengruppe, die von der „Welthungerhilfe", einer Hilfsorganisation, unterstützt wird. Die Frauen lernten, die Wasserversorgung des Bodens zu verbessern und den Gemüseanbau zu intensivieren. Inzwischen können sie sogar schon Gemüse auf den Märkten verkaufen.

- Frühstück
- Umzug in die Hütte einer seiner Frauen
- Gespräche mit Nachbarn und Freunden
- Feldarbeit
- Mittagessen mit Freunden
- Mittagsruhe
- Feldarbeit
- am Nachmittag Rückkehr ins Dorf
- Vorbereitung des Feierabends
- Abendessen
- Besuch bei oder von Freunden

M6 Tagesablauf des Vaters von Khadija

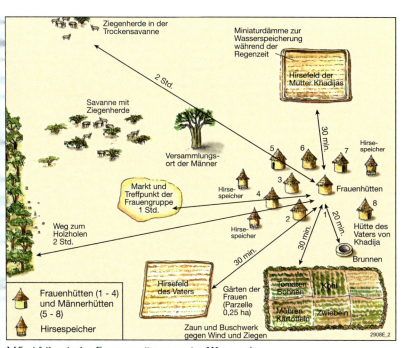

M5 Afrikanische Frauen müssen weite Wege gehen.

AUFGABEN

3 Errechne, wie viel Zeit Safiatou Ouadreogo täglich für die beschriebenen Wege benötigt (M5).

4 Nenne die Aufgaben und Tätigkeiten einer Savannenbewohnerin und vergleiche diese mit den Tätigkeiten der Männer (M3, M5, M6).

Gewusst wie: Sachtexte auswerten

AUFGABEN

1 Trage Argumente, die für und gegen Entwicklungszusammenarbeit sprechen, in eine Übersicht ein (M1).

2 Erläutere, warum die im Dorf Sanje geleistete Hilfe als Selbsthilfe bezeichnet wird.

3 Erstelle mithilfe des Internets einen Kurzbericht über je ein Hilfsprojekt im Niger und im Tschad.

Streit um die Form der Hilfe

Oft heißt es, die beste Hilfe für Afrika sei gar keine Hilfe. Andere fordern eine drastische Verstärkung der Entwicklungszusammenarbeit. Einigkeit besteht darin, dass die Wirkung der geleisteten Unterstützung zu gering ist.
Die Kritiker der bisherigen Entwicklungshilfe kommen insbesondere aus dem Kreis afrikanischer Wissenschaftler. Sie sind der Meinung, dass die Geldzahlungen dazu führen, dass das Verantwortungsgefühl afrikanischer Politiker verkümmert. Man verlässt sich darauf, dass die Probleme durch das Ausland gelöst werden. Außerdem würde ausländisches Geld die Bestechlichkeit der Menschen fördern. Konkurrenzfähige Betriebe könnten sich so nicht entwickeln und Afrika bliebe auch zukünftig von den Industrieländern abhängig.
Befürworter der Zahlung von Entwicklungshilfegeldern sind hingegen der Meinung, dass die Höhe der Finanzhilfen bislang nicht ausgereicht habe. Das Geld müsse gebündelt für einzelne regionale Projekte eingesetzt werden. Die durch gezielte Förderung aufgebauten Entwicklungspole sollen dann auf die Nachbarregionen abstrahlen.

M1 Argumente für und gegen Entwicklungszusammenarbeit

Hilfe zur Selbsthilfe

Der Sahel gehört seit Jahrzehnten zu den Problemregionen unserer Erde. Natur und Mensch haben sie dazu gemacht. Besonders wenn die Niederschläge über mehrere Jahre ausbleiben, kommt es zu verheerenden Hungersnöten und Flüchtlingsströmen. So geschehen Mitte der 1980er-Jahre, als der gesamte Raum von einer anhaltenden Dürre heimgesucht wurde. Dass dann Hilfe aus aller Welt geleistet werden muss, ist unbestritten. Aber ist den Bewohnern der Sahelzone auf Dauer geholfen, wenn Nahrungsmittel, Medikamente und Kleidung eingeflogen und in Flüchtlingslagern verteilt werden?

Um die Menschen nicht in eine dauerhafte Abhängigkeit von den helfenden Staaten und Organisationen zu drängen, sind Selbsthilfe, Mitbestimmung und Mitverantwortung gefragt. Das Konzept der Entwicklungszusammenarbeit (EZ) lautet daher: Hilfe zur Selbsthilfe. Die Betroffenen werden dabei in die EZ einbezogen. Wichtig ist, dass die Bedingungen vor Ort berücksichtigt werden. Dazu gehören auch die Beachtung der kulturellen und religiösen Werte und Normen, der sozialen Strukturen, der wirtschaftliche und technische Entwicklungsstand, die finanzielle Belastbarkeit und Arbeitskraft.

M2 Verteilung von Hilfsgütern

Gewusst wie
Die wechselfeuchte Zone

M3 Frauen beim Dammbau

Beispiel: Sanje in Burkina Faso

Sanje ist ein Dorf in Burkina Faso. Rund 2000 Einwohner leben auf etwa 70 Gehöften, die jeweils einer Großfamilie gehören. Die meisten haben Brunnen, die aber nur zwei bis zehn Meter tief sind und in den Trockenzeiten versiegen. Jedes Gehöft hat einen Kornspeicher. Auf die Vorräte wird zurückgegriffen, wenn die Ernte gering ist oder ganz ausfällt. Hungerkatastrophen können damit nicht ausgeschlossen, aber verzögert werden. Kann durch gute Ernten ein Produktionsüberschuss erwirtschaftet werden, wird ein Teil der Ernte verkauft und das Geld kommt den Familien zugute.

Veränderungen im Dorf Sanje durch Entwicklungszusammenarbeit

- Eine Landschule wurde von Frankreich gebaut. Hier lernen die Kinder lesen, schreiben und die Grundlagen des Ackerbaus.
- Chinesische Entwicklungshelfer gruben einen 40 m tiefen Brunnen, der auch in Trockenjahren Wasser führt.
- Ein Staudamm entstand mithilfe der katholischen Mission außerhalb des Dorfes. Das gestaute Wasser im See dient zur Bewässerung, als Tränke und ermöglicht die Fischzucht.
- In einer Baumschule werden Setzlinge von Bäumen gezogen und kostenlos an die Bauern zur Aufforstung verteilt.
- Neben der Anpflanzung von Nahrungsmitteln wird der Anbau von Exportprodukten gefördert, um das Einkommen der Familien zu steigern.

Fünf Schritte bei der Auswertung eines Fachtextes
(Beispiel für Zeilen 1–13)

1. Text lesen
Dies sollte mindestens zweimal geschehen.

2. Unbekannte Wörter finden und schwarz unterstreichen
Beispiele:
Hungersnot: Es fehlt an Nahrung. Menschen sind dadurch unterernährt und sterben teilweise an Unterernährung.
Flüchtlingsstrom: Viele Menschen, die sich auf der Flucht zum Beispiel vor Hunger oder Krieg befinden.

3. Zwischenüberschrift formulieren
Beispiel:
Problemregion Sahel – Hungersnot durch Hilfe von außen behebbar?

4. Schlüsselwörter finden und rot unterstreichen
Beispiele:
Dürre, Selbsthilfe, Entwicklungszusammenarbeit

5. Inhaltsangabe formulieren
Beispiel:
Der Sahel ist eine Problemregion, da hier aufgrund fehlender Niederschläge häufig Dürren auftreten, welche zu Hungersnöten führen. Es stellt sich die Frage, inwiefern andere Staaten Hilfe leisten können. Ein aktuelles Konzept ist die Entwicklungszusammenarbeit, sie beinhaltet ...

AUFGABE

4 Erkläre folgende Aussage: „Gebt uns keine Fische, sondern eine Angel zum Fischen!"

Projekt

Wir starten ein Hilfsprojekt

◁ M1 Karikatur

Auch du kannst helfen

Jeder kann etwas tun!

„Dass jeden Tag Hunderte Kinder an Durchfall sterben und Tausende an Hunger, dass Millionen Kinder arbeiten müssen – zwar ist das alles schrecklich, aber was kann ich da schon machen? Das ist die Aufgabe der Politiker."
Diese Aussage hört man häufig – doch sie ist falsch. Jeder kann etwas tun, auch du!

Spenden sammeln!

Die Armut ist das größte Entwicklungshindernis für die Menschen in Entwicklungsländern. Alle großen Hilfsorganisationen bieten Partnerschaftsprojekte oder Patenprojekte an, für die sich ein Einsatz lohnt. Es gibt Tausende von Möglichkeiten, Spenden zu sammeln.
Du kannst zum Beispiel:
- Arbeiten verrichten,
- mit Freundinnen und Freunden oder der Klasse einen Sponsor-Lauf durchführen, bei dem jeder Kilometer bzw. jede Runde auf dem Sportplatz bezahlt wird,
- einen Kuchen-, Saft- oder Waffelstand an der Schule oder in der Einkaufszone aufstellen (Achtung: Genehmigung einholen!).

Geld zu sammeln, ist nur eine unter vielen Möglichkeiten, Hilfe zu leisten. Setze dich für die Bedürfnisse der Menschen in den Entwicklungsländern ein! Auch wenn es etwas Zivilcourage erfordert!
- Berichte deinen Eltern und Verwandten, was du inzwischen über die Verhältnisse in Entwicklungsländern gelernt hast und mache Vorschläge zur Hilfe.
- Überprüfe dich selbst: Achtest du darauf, wenn es möglich ist, Produkte aus Fairem Handel zu kaufen?
- Verwendet ihr solche Produkte in eurem Haushalt?
- Gibt es FairTrade-Produkte bei euch in der Schule?
- Willst du dich nicht in einem Eine-Welt-Laden engagieren?
- Frage nach, welche (kleine) Hilfsorganisation es in deinem Heimatort oder Schulort gibt, bei der du ehrenamtlich mitarbeiten kannst.
- Engagiere dich beim „Sozialen Tag". Hilf bei der Organisation, der Auswahl der Einzelprojekte. Überzeuge Mitschülerinnen und Mitschüler, sich auch zu engagieren.
- Forsche nach, ob eure Schule auch eine Schulpartnerschaft mit einer Schule in einem Entwicklungsland unterhält.

Projekt

Die wechselfeuchte Zone

Auf einem Jugendrotkreuz-Kreistreffen entstand die Idee: Wir kehren für Ruanda! In diesem afrikanischen Land wird gerade mit einem neuen Projekt zur Hilfe für Straßenkinder begonnen. Gesagt getan! Im ganzen Landkreis wurden Plakate aufgehängt. Einen Samstag lang wurde gekehrt. Ergebnis: Blasen an den Fingern – und 6000 Euro für das Projekt.

M2 Kehren für die Straßenkinder

Die Grundidee der „Aktion Tagwerk" ist, Schülerinnen und Schülern die Möglichkeit zu geben, sich für Menschen in den Entwicklungsländern Afrikas zu engagieren. Dabei werden vor allem Bildungsprojekte für Jugendliche in Angola, Burundi, Ruanda, Südafrika und dem Sudan unterstützt. Alle Projekte werden in Zusammenarbeit mit der Kinderhilfsorganisation Human Help Network durchgeführt. 2008 nahmen 195 000 Schülerinnen und Schüler aus 772 Schulen in allen Bundesländern teil – und konnten 1,6 Millionen Euro erwirtschaften.

(An dem bundesweiten Aktionstag fällt für die teilnehmenden Schülerinnen und Schüler der Unterricht aus und sie verrichten Arbeiten, deren Erlös in die Aktion fließt. Die Tagwerk-Gruppe der jeweiligen Schule kann mitbestimmen, wofür das Geld eingesetzt wird. In einigen Schulen sind so über Jahre Patenschaften entstanden.)

M3 Die „Aktion Tagwerk"

M5 Auch so lassen sich Spenden sammeln!

M4 Große Hilfsorganisationen informieren über ihre Arbeit, bieten zahlreiche Projekte und Möglichkeiten zum Engagement an. Regelmäßig wird überprüft, wofür und wann die Spendengelder ausgegeben wurden und ob nicht zu viel Geld für Verwaltung und Werbung verwendet wird.

Gewusst ...

Die wechselfeuchte Zone

1. Buchstabensalat

Welche Begriffe aus der wechselfeuchten Zone verbergen sich hinter dem Buchstabensalat?

1. NANEVAS
2. ITEREZENG
3. NOKAITTIRIFESED
4. RESIH
5. PORSCHACS
6. BREZA
7. TINASTEZND
8. KRESPALISASUFTA
9. THRUNESGON
10. HASEL
11. ROTZECKITEN
12. KUABHAC
13. REGUNHED
14. ILKDAIMMRAGMA
15. TOBRFFEMANUAB
16. FELANET
17. FWEUCTHELSECH
18. NURGADWESPRESILEGS
19. FEFIGRA

2. Kennst du dich aus? – Savannenquiz

1. Nenne zwei typische Pflanzen der Savanne und erkläre ihre jeweilige Anpassung an den Naturraum.
2. Erkläre die jahreszeitliche „Wanderung" der Sonne mit eigenen Worten und zeichne dazu eine Skizze, die deine Erklärung unterstützt.
3. Erkläre die Entstehung von Regen- und Trockenzeiten.
4. Ordne die Savannentypen nach ihrer Abfolge vom Äquator nach Norden und Süden hin und erkläre ihr Aussehen mithilfe deines Wissens über das vorherrschende Klima.
5. „Feuer in der Savanne ist der beste Dünger!" Erkläre.
6. Erkläre wie die Tarnung des Zebras funktioniert.
7. „Unterstütze einen Jungen und du ernährst einen Mann. Unterstütze ein Mädchen und du ernährst eine Familie." Erläutere das afrikanische Sprichwort!
8. Erkläre die Begriffe Cash Crops, Sahel, Desertifikation und Entwicklungszusammenarbeit mit eigenen Worten.
9. Nenne Möglichkeiten, die du hast (bzw. deine Klasse hat), um Hilfe für arme, hungernde Menschen in Afrika zu leisten.

3. Fachbegriffe-Chaos

Hier hat sich der Fehlerteufel eingeschlichen. Lies die folgenden Fachbegriffe genau durch und schreibe alle Begriffe heraus, die mit dem Thema Savanne zu tun haben.

HACKBAU   PAPAGEI   GRUNDWASSER   AFFENBROTBAUM
DESERTIFIKATION   ORCHIDEE   PASSATKREISLAUF
LEOPARD   PFEILGIFTFROSCH   DORNSTRAUCHSAVANNE
INUIT   HIRSE   TUNDRA   REGENZEIT
ZENITSTAND   SELBSTHILFE   AUFSITZERPFLANZE
HUNGERSNOT   ACKERBAU   HILFSGÜTER
TIEFBRUNNEN   TROPENHOLZ   GEPARD
FLÜCHTLINGSSTRÖME

... gekonnt

den Savannen Afrikas

3. Savannen-Steckbriefe

a) Ordne die Abbildungen den Savannentypen zu.
b) Übertrage die Steckbriefe in deine Mappe oder dein Heft und fülle sie aus.

Was habe ich gelernt?

1. Ich kann die Savannen auf einer Afrikakarte verorten.
2. Ich kann ein Klimadiagramm auswerten und Klimadiagramme vergleichen.
3. Ich kann erklären, wie die Regen- und Trockenzeiten in den Savannen entstehen.
4. Ich kann die Bedeutung des Feuers in der Savanne erklären.
5. Ich kann Beispiele für Flora und Fauna der Savannen nennen.
6. Ich kann die Unterschiede und Gemeinsamkeiten der drei Savannenarten beschreiben.
7. Ich kann das Leben eines Menschen in der Savanne mit dem Leben eines Menschen in Europa vergleichen.
8. Ich kann den Unterschied zwischen einem Hauptnahrungsmittel und Cash Crops erklären.
9. Ich kann ein Hilfsprojekt mitorganisieren.
10. Ich kann den Begriff Desertifikation und die mit der Desertifikation auftretenden Probleme erklären.
11. Ich kann ein Wirkungsgefüge erstellen.
12. Ich kann einen Fachtext auswerten.
13. Ich kann ein Rollenspiel mitgestalten.

Die trockenheiße Zone – in den Wüst

M1 Die Arabische Halbinsel – Raum voller Spannungen zwischen Tradition und Moderne

...rdafrikas und der Arabischen Halbinsel

Gewusst wie

Faustskizzen zeichnen

AUFGABEN

1 Fertige eine Faustskizze an
a) von Afrika;
b) von der Arabischen Halbinsel.

2 Trage die Verbreitung der Wüsten in Afrika und der Arabischen Halbinsel in deine Faustskizze ein.

Faustskizzen – Wesentliches grob dargestellt

Mithilfe einer Faustskizze kannst du dir einen Überblick über einen Kontinent, ein Land oder eine Region verschaffen.
Solche Skizzen sind so angelegt und vereinfacht, dass sie nur Wesentliches hervorheben und eine grobe Orientierung ermöglichen. Daher sind nur die nötigsten Ortsangaben eingetragen. Zusätzlich kann man Informationen zu verschiedenen Themen eintragen.

So fertigst du eine Faustskizze an

1. Zeichne mit einem roten Stift den Umriss des Raumes (z. B. Afrika). Verwende dabei die Atlaskarte oder eine andere Kartengrundlage als Vorlage.
2. Skizziere mit einem braunen Stift Gebirge und mit einem blauen Stift Flüsse.
3. Anschließend zeichnest du die wichtigsten Städte als Punkte ein.
4. Du kannst deine Skizze auch nutzen, um bestimmte Themen aus dem Unterricht graphisch darzustellen. Beispielsweise kannst du in eine Faustskizze Afrikas den Lebensraum der Pygmäen eintragen (M1).

Hinweis: Verwende beim Zeichnen der Umrisse möglichst einfache Formen (z. B. gerade Linien, Dreiecke, Vierecke, Kreise).

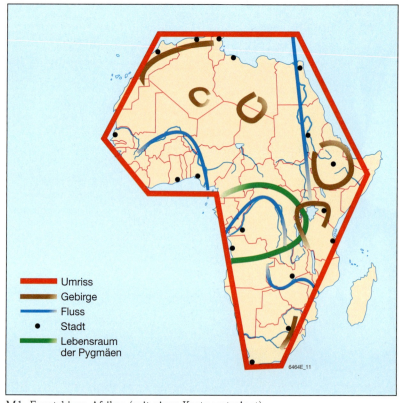

M1 Faustskizze Afrikas (mit einer Karte unterlegt)

Gewusst wie

Die trockenheiße Zone

Mental Map – was ist das?

Menschen haben meist verschiedene Vorstellungen und unterschiedliche Kenntnisse über bestimmte Räume der Erde. Fragt man Schülerinnen und Schüler über ihre Vorstellungen und ihr Wissen in Bezug auf Afrika zum Beispiel, entstehen in ihren Köpfen ganz unterschiedliche Bilder und Gedanken. Diese Bilder und Gedanken kann man in einer Mental Map darstellen.

Eine Mental Map ist folglich auch eine Faustskizze, aber eine andere als in M1. Es geht weniger um die topografischen Gegebenheiten als um die Eindrücke und Kenntnisse, die man von dem Raum hat. Die Mental Map ist folglich die Zeichnung eines Raumes aus dem Gedächtnis, die die eigene Vorstellung des Raumes zeigt. Alles, was man über diesen Raum weiß oder denkt, kann man in die Mental Map eintragen.

Mental Maps helfen bei der Betrachtung eines Raumes im Erdkundeunterricht. Sie sollten zu Anfang der Behandlung eines Themas angefertigt werden. Nach Abschluss des Themas kann man sich seine Mental Map nochmals ansehen und herausfinden, was man dazugelernt hat.

AUFGABE

3 a) Berichte in der Klasse, welche Vorstellungen du von einer Wüste hast.
b) Zeichne eine Mental Map der Arabischen Halbinsel.
c) Vergleiche und diskutiere die Ergebnisse der Mental Map mit deinem Banknachbarn.

So fertigst du eine Mental Map an

1. Zeichne einen Umriss von dem Land oder Gebiet, so wie du ihn dir vorstellst.
   Sieh nicht in den Atlas, danach kannst du vergleichen.
2. Zeichne alles, was dir zu dem Land oder dem Gebiet einfällt, in den Umriss ein. Nutze dazu Symbole, kleine Zeichnungen oder Wörter/Wortgruppen.

M2 Mental Map der Schweiz – gezeichnet von Kate Owen aus Notting Hill, London

M3 Vorstellungen über Afrika – gezeichnet von Julia Beke, 12 Jahre

Naturraum Wüste

AUFGABEN

1 Erkläre den Unterschied zwischen Trockenraum und Wüste.

2 Beschreibe den Verlauf der Tagestemperaturen in Ain Salah (M2).

3 Beschreibe das Klima in Ain Salah (M3).

4 Benenne die Wüsten in M1.

5 Bestimme die West-Ost-Ausdehnung sowie die Nord-Süd-Ausdehnung der Sahara mithilfe des Atlas.

6 Benenne Wüstenarten und erkläre ihre Entstehung (M4).

7 Erläutere, was man unter einem Wadi versteht (M5).

8 Begründe, warum erfahrende Reisende nie in Wadis übernachten.

Trockenheit bestimmt das Leben

Ein **Trockenraum** wird über das Klima definiert. Der Jahresniederschlag beträgt maximal 250 mm und die Anzahl der ariden (trockenen) Monate pro Jahr beträgt mindestens elf (siehe auch S. 53). Dabei ist es unwesentlich, wie sich der Niederschlag über das Jahr verteilt. Auch der Jahresgang der Temperatur und die Jahresdurchschnittstemperatur spielt für diese Einordnung keine Rolle. Trockenräume findet man mit Ausnahme Europas auf allen Kontinenten.

Die Bezeichnungen **Wüste** (und Halbwüste) kennzeichnen die Vegetation eines Raumes. Aufgrund des Mangels an Wasser ist der Pflanzenwuchs und die Pflanzendichte in diesen **Vegetationszonen** gering. Daher ist die Wüste von Vegetationsarmut gekennzeichnet und stellt einen lebensfeindlichen Raum dar. Fast ein Drittel der Erde ist von Wüste bedeckt. Die weltweit größte Wüste ist die Sahara.

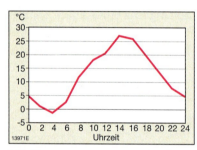

M2 Tagestemperaturen in Ain Salah am 19.12.2012

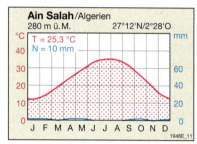

M3 Klimadiagramm von Ain Salah

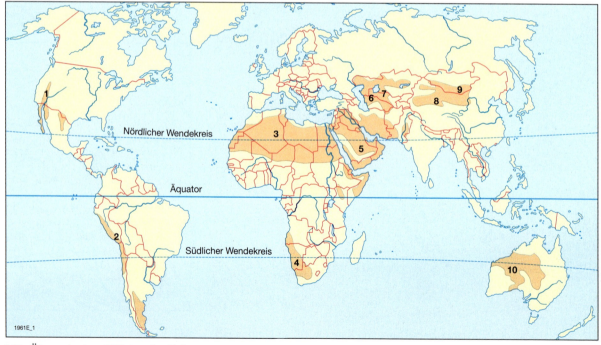

M1 Übungskarte – Wüsten der Erde

Die trockenheiße Zone

M4 Wüstenarten und ihre Entstehung

M5 Wadi, der als Reiseweg genutzt wird

Sahara: Menschen in der Wüste ertrunken – drei Tote!

Ein tragisches Unglück ereignete sich in in der Sahara. Plötzlich auftretende Regenfälle wurden drei Menschen zum Verhängnis; sie ertranken.
Die kleine Gruppe hatte ihren Jeep verlassen und wurde nahe des Ortes Ain Salah in einem **Wadi**, einem sonst ausgetrockneten Flussbett, von einer Springflut überrascht. Die Menschen hatten keine Chance, den Wassermassen zu entkommen."

M6 Nachrichtenmeldung

Naturraum Wüste

M1 Wüste im Westen der USA

Die Entstehung der Wüsten

Der in allen Wüsten der Erde auftretende Wassermangel kann verschiedene Ursachen haben. Diese sind in erster Linie lageabhängig. Grundsätzlich unterscheidet man die Wüstenregionen Wendekreiswüsten, Küstenwüsten und Binnenwüsten. Man kann diese je nach Jahresmitteltemperatur über oder unter 18 °C zudem in heiße und kalte Wüsten unterteilen. So gilt die Sahara als heiße und die Wüste Gobi als kalte Wüste.

Die **Wendekreiswüsten** liegen, wie der Name schon sagt, im Bereich der Wendekreise. Die am Äquator erwärmte feuchte Luft steigt nach oben, kühlt sich ab und regnet sich aus. In großer Höhe zieht sie nach Norden und Süden. An den Wendekreisen sinkt sie wieder zur Erde. Absteigende Luft erwärmt sich. Wolken lösen sich auf. Es fallen kaum Niederschläge. Zu den Wendekreiswüsten gehören die Sahara, die Große Arabische Wüste und die Große Sandwüste in Australien.

Die **Küstenwüsten** sind eine Sonderform der Wendekreiswüsten. Sie liegen an den Küsten im Bereich der Wendekreise an den Westseiten der Kontinente. Kalte Meeresströmungen vor den Küsten bewirken, dass sich die Luft abkühlt und abregnet, bevor sie das Land erreicht. Zu den Küstenwüsten zählen die Namib in Südwestafrika und die Atacama in Nordchile und Peru.

Die **Binnenwüsten** liegen außerhalb der Wendekreise. Ihre Trockenheit wird durch die Meeresferne und ihre Lage im Regenschatten von Gebirgen bestimmt. Viele Binnenwüsten sind kalte Wüsten. Der Boden ist im Winter durchgehend gefroren. Zu den Binnenwüsten gehört zum Beispiel die Wüste Takla Makan im Tarimbecken.

M2 Der Brandberg (Omukuruwaro), 2579 m, in der Wüste Namib (Namibia)

Die trockenheiße Zone

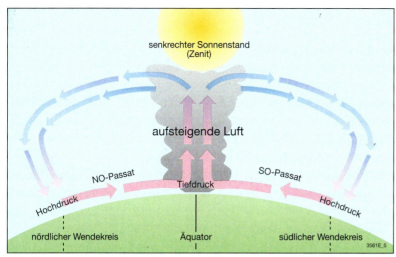

M3 Entstehung einer Wendekreiswüste (siehe auch S. 31 M5)

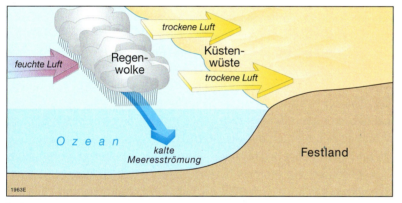

M4 Entstehung einer Küstenwüste

M5 In der Sahara

AUFGABEN

1 a) Die Fotos M2 und M5 zeigen zwei der im Text genannten Wüsten. Welche sind es (Atlas)?
b) Erläutere die Entstehung der verschiedenen Wüsten.

2 Erkläre die Begriffe heiße Wüste und kalte Wüste.

Lebensraum Wüste: Oasenwirtschaft

M1 Stockwerk-Anbau in Oasen

Oasen – Inseln im Meer der Wüste

In der Wüste liegen **Oasen** als „grüne Inseln", obwohl es dort kaum regnet. Das Wasser stammt oft aus Niederschlägen, die in vielen hundert Kilometer entfernten Gebieten gefallen sind. Wenn es dort regnet, versickert das Wasser, bis es zu einer wasserundurchlässigen Gesteinsschicht gelangt. Es fließt dann unterirdisch weit in die Sahara hinein. Dort tritt das Wasser punktuell in Quellen aus oder kann als Grundwasser gefördert werden.

Bauern, Handwerker und Händler leben in Oasen in festen Siedlungen mit schattigen Straßen und grünen Palmengärten. Wasserwächter kontrollieren die gerechte und sparsame Verteilung des kostbaren Wassers. Während früher noch mit Ziehbrunnen Wasser geschöpft wurde, wird es heute von leistungsfähigen Motorpumpen gefördert. In 1000 bis ca. 4000 m Tiefe gibt es große Wasservorräte, die aus einer Zeit stammen, als in der Sahara mehr Niederschläge fielen. Dieses Wasser ist ca. 20 000 Jahre alt.

Die Dattelpalmen sind von Weitem als Kennzeichen einer traditionellen Oase zu sehen. Dattelpalmen spenden dem Boden und den Obstbäumen (Feigen, Orangen, Zitronen) Schatten. Oasengärten sind stockwerkartig angelegt. Im untersten Stockwerk kommen Gemüsesorten und Futterpflanzen für das Vieh vor. Zehn Dattelpalmen können einen Oasenbewohner ernähren. Besonders zu Weihnachten werden die süßesten Datteln exportiert; weniger süße dienen dem Eigenbedarf oder werden als Viehfutter verwendet. Für Reisende und Nomaden sind Oasen wichtige Rast- und Handelsplätze. Gemüse, Schaffleisch und Obst kommen von hier auf die Märkte der Städte. Ebenfalls floriert der Handel mit Fellen und handwerklichen Waren.

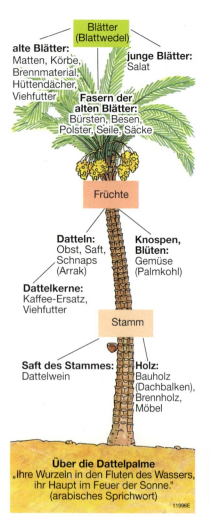

M2 Nutzung der Dattelpalme

M3 Die Grundwasseroase El Goléa in Algerien

Bilder auswerten

Gewusst wie

Bilder und Satellitenbilder auswerten

Bilder begegnen uns täglich in unserem Leben. In Fernsehen, Zeitschriften und auch in der Schule betrachten wir bewusst oder unbewusst zahlreiche Bilder. Dabei werden uns Botschaften und Informationen übermittelt.

Im Erdkundeunterricht geben uns Bilder und Satellitenbilder Aufschluss über Landschaften und über das Leben der Menschen auf der ganzen Erde. Sie helfen uns einen Überblick über Räume und Lebensweisen zu gewinnen sowie Zusammenhänge zu erkennen. Daher ist es wichtig zu wissen, wie man solche Bilder auswertet.

AUFGABEN

1 Erkläre die Entstehung von Oasen.

2 Erläutere den Stockwerk-Anbau in Oasen (M1).

3 Begründe, warum die Dattelpalme als wichtigste Pflanze in Oasen gilt (M2).

4 Werte die Bilder der Anleitung entsprechend aus:
a) M3;
b) M4.

5 Informiere dich über verschiedene Oasentypen (Internet).
Präsentiere deine Ergebnisse in einem Kurzvortrag.

◁ M4 Satellitenbild der Niloase

So wertest du Bilder und Satellitenbilder aus:

1. **Einordnung des (Satelliten-)Bildes**
   In einem ersten Schritt solltest du das Bild mit einem Satz grob beschreiben und dabei das Wesentliche zusammenfassen. Dabei hilft dir meist die Bildüberschrift. Wenn möglich, ordne das Bild in den Raum geographisch ein.

2. **Beschreibung des (Satelliten-)Bildes**
   Im zweiten Schritt folgt eine genaue Beschreibung des Bildes. Die Beschreibung soll strukturiert erfolgen. So kannst du das Bild zum Beispiel in einen Vorder-, Mittel- und Hintergrund oder in eine linke und rechte Bildhäflte einteilen. Bei Satellitenbildern musst du zunächst die abgebildeten Flächenfarben (zum Beispiel grün für Vegetation) deuten. Sei nicht zu oberflächlich bei deiner Beschreibung, sondern beschreibe auch Einzelheiten.

3. **Auswertung des (Satelliten-)Bildes**
   Stelle nun Zusammenhänge zwischen den Bildelementen her und versuche, diese zu erklären.

Dubai – eine moderne Oase

M1 Lage von Dubai

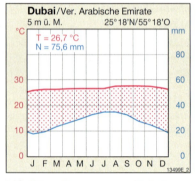

M2 Klimadiagramm von Dubai

Dubais Entwicklung

Das Emirat Dubai mit der Stadt Dubai gehört zu den Vereinigten Arabischen Emiraten (V.A.E.) und ist mit einer Fläche von rund 4 000 km² etwa 1,5 mal so groß wie das Saarland. Das Territorium besteht aus einem etwa 50 km langen Küstenstreifen beiderseits des Meeresarms „Dubai Creek".

Stadt und Emirat Dubai existieren seit etwa 1830, als ein Fischerdorf am Dubai Creek gegründet wurde. Die Menschen lebten damals vom Fischfang, von der Tierhaltung und vom Perlentauchen. Zudem wurden dort, wo Wasser verfügbar war, Datteln angebaut. Schon früh wurde vor allem mit den Perlen Handel betrieben. Allerdings lebten die Menschen in sehr bescheidendem Wohlstand.

In den 1960er-Jahren wurden Erdölvorkommen entdeckt. Durch die Förderung und den Verkauf des Öls ins Ausland erzielte Dubai enorme Einkommen, die das Emirat sehr reich werden ließen. In der Folge kamen immer mehr Menschen nach Dubai, um dort zu leben und zu arbeiten.

Während die „Einheimischen" meist besser bezahlte Jobs als Ölarbeiter, Lehrer oder in der Verwaltung haben, besitzen die meist männlichen und überwiegend asiatischen Gastarbeiter nur schlecht bezahlte Arbeit in der Baubranche, als Hausangestellte oder in Hotels.

1970	60 000
1980	276 000
1990	490 000
2000	862 000
2010	1 900 000

M4 Bevölkerungsentwicklung in Dubai

männlich	77 %
weiblich	23 %

M5 Bevölkerungszusammensetzung in Dubai 2010

(Quellen M4, M5: Dubai Statistical Yearbook 2012)

M3 Hafen von Dubai 1950

M6 Jachthafen Dubai Marina heute

Diagramme erstellen

Gewusst wie

Tabellen in Diagramme umwandeln mit OpenOffice

Das Programm OpenOffice kannst du kostenlos aus dem Internet herunterladen. Es enthält ein Schreib-, ein Tabellenkalkulations-, ein Zeichen-, ein Datenbank- sowie ein Präsentationsprogramm.
Nachdem du das Programm installiert hast, öffne das Tabellenkalkulationsprogramm OpenOffice Calc. Hier hast du die Möglichkeit, Daten einzugeben (z. B. die Entwicklung der Einkünfte Dubais aus dem Ölsektor), mit ihnen zu rechnen oder sie als Diagramm zu veranschaulichen.

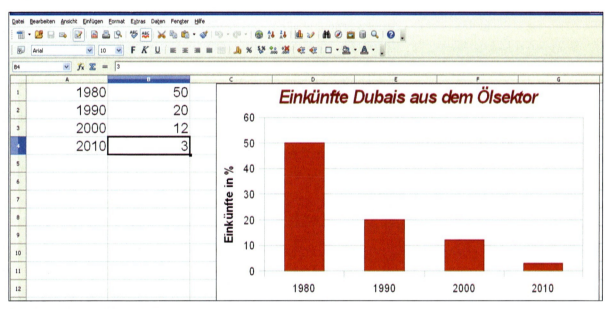

M7 Darstellung mit OpenOffice

So erstellst du ein Diagramm mithilfe von OpenOffice

1. Markiere alle Spalten und Zeilen der angelegten Tabelle in OpenOffice Calc und wähle im Menü „Einfügen" den Punkt „Diagramm" aus.

2. Zunächst musst du dich für einen Diagrammtyp entscheiden (z. B. Säulen- oder Kurvendiagramm).
Überlege dir gut, welche Art der Darstellung für die Aussagekraft deiner Daten am günstigsten ist.
Beachte dabei folgende Hinweise: Wenn du Daten darstellen willst, die Anteile beschreiben, eignet sich dafür ein Kreisdiagramm besonders gut. Möchtest du Verläufe darstellen, wählst du Linien- oder Säulendiagramme.

3. Nun klickst du „Erste Spalte als Beschriftung" an, damit die Zeitangaben (z. B. Jahreszahlen) auf der unteren Achse erscheinen.

4. Bei Schritt 4 kannst du einen Titel eingeben, die beiden Achsen beschriften und entscheiden, ob die Legende ein- oder ausgeblendet werden soll.
Falls du Probleme beim Erstellen der Grafik hast, gibt es ein Hilfe-Menü, das du jederzeit aufrufen kannst.

AUFGABEN

1 Beschreibe die Lage Dubais (M1, Atlas).

2 Werte das Klimadiagramm in M2 aus (siehe auch S. 52/53).

3 Beschreibe die Entwicklungen im Hafen von Dubai (M3 und M6).

4 Wandle mithilfe von OpenOffice die Informationen aus den Tabellen in M4 und M5 in geeignete Diagramme um.

5 Erläutere die Bevölkerungsentwicklung von Dubai.

Dubai – eine moderne Oase

M1 Hotel Burj al-Arab in Dubai

Dubai – Ausbau zur Metropole

Schon vor über 20 Jahren wusste der Emir von Dubai, Scheich Mohammed bin Rashid Al Maktoum, dass die Einkünfte aus dem Erdöl nicht ewig sprudeln würden. Durch die für den Tourismus günstigen klimatischen Voraussetzungen Dubais sowie durch Lage des Emirats sowohl am Meer als auch in der Wüste wurde ihm bereits damals klar, welche Entwicklungsmöglichkeiten die Stadt als Touristenziel habe.

Ein regelrechter Bauboom setzte daher vor über 20 Jahren ein und Milliarden wurden in aufwendige Bauprojekte gesteckt, um die Attraktivität Dubais zu steigern. Zu den bekanntesten Projekten zählen die künstlichen Inselwelten „The Palm" und „The World", eine Skihalle in der Wüste, eine riesige Shopping Mall sowie die Luxushotels, unter anderem das Burj-al-Arab und das Armani-Hotel im weltweit höchsten Bauwerk, dem Burj Khalifa.

Zugleich wurde Dubai zum Knotenpunkt im internationalen Finanz- und Warenhandel sowie zur Drehscheibe im Luftverkehr ausgebaut. Zwei Drittel der Weltbevölkerung leben in einem Radius von acht Flugstunden um Dubai. So zählte der Dubai International Airport im Jahr 2011 bereits über 51 Millionen Fluggäste – acht Prozent mehr als im Jahr zuvor und sogar 14 Millionen mehr als 2008.

AUFGABEN

1 Bestimme die Größe des Kartenausschnitts in M6.

2 Erläutere die Entwicklungen in Dubai (M1 – M7, Text, Atlas).

3 Vergleiche die Zahl der Fluggäste Dubais mit dem Frankfurter Flughafen (Internet).

1995	1,5 Mio.
2000	4,0 Mio.
2005	6,3 Mio.
2010	6,6 Mio.
2015*	15,0 Mio.

*geschätzt

M3 Zahl der Touristen in Dubai

in Mio. US-$	
2009	7162
2007	6072
2005	3218
2000	1063

M4 Einkünfte aus dem Tourismus in Dubai (26% der Gesamteinnahmen)

M2 Bau einer Luxushotelanlage

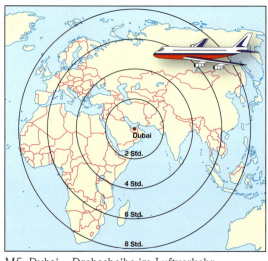

M5 Dubai – Drehscheibe im Luftverkehr

Die trockenheiße Zone

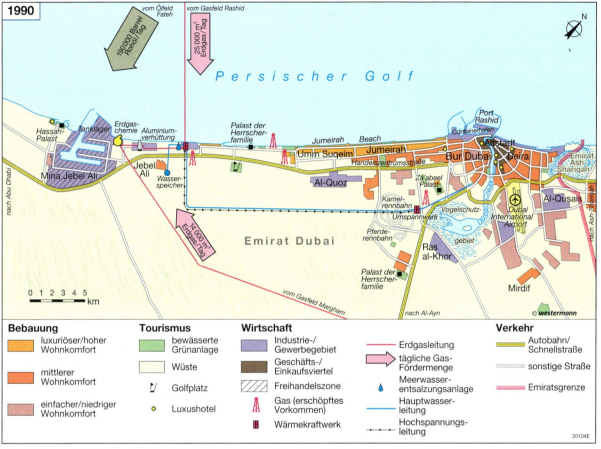

M6 Karte von Dubai-Stadt 1990 (Dubai-Stadt 2008 siehe Diercke Weltatlas, Seite 163)

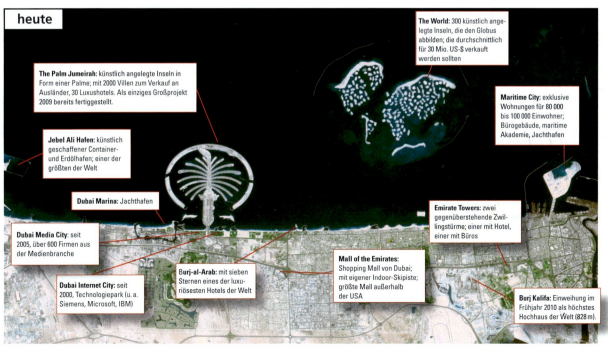

M7 Satellitenbild von Dubai-Stadt heute (Ausschnitt)

Dubai – eine moderne Oase

Dubai – „Die Welt" geht unter?

2003: „The World" – ein spektakuläres Großprojekt

Rund vier Kilometer vor der Küste Dubais werden an 300 Stellen Millionen Tonnen Steine und Sand aufgeschüttet. Eine Inselwelt entsteht, die vom Flugzeug aus gesehen die Form einer Weltkarte hat. Ihre Gesamtfläche beträgt neun mal sieben Kilometer. Ein ovaler Steinwall mit Durchfahrmöglichkeiten schützt die Inseln vor den Meereswellen. Jede Insel stellt ein Land, eine Ländergruppe oder einen Kontinent dar. Zu erreichen sind sie später nur mit einer Fähre, einem eigenen Boot oder mit dem Hubschrauber. An alles ist bei der Planung gedacht, auch an Polizeischutz oder den Abtransport des Mülls mit Booten.
Dubai setzt auch mit diesem Projekt auf den Tourismus, auf die Zeit nach dem gewinnbringenden Erdöl. Wer Geld hat, kann sich für mehrere Millionen US-Dollar eine Insel kaufen und seine Traumvilla mit Golfplatz oder Yachthafen darauf bauen. Neben den Privatinseln dienen rund 75 Inseln ausschließlich touristischen Zwecken. Geplant sind darauf Hotels, Shopping- und Freizeitcenter.
(Zusammengestellt nach Zeitungsberichten)

M1 Aufschüttung der Inseln

AUFGABE

1 Analysiere das Projekt „The World" unter Beachtung des Leitbildes der nachhaltigen Entwicklung. Beschreibe dabei Vor- und Nachteile.

M2 Im Jahr 2008: Die Inseln sind verkaufsfertig und zum Teil verkauft.

2011: „The World" – Land unter

Die „Welt" droht im Meer zu versinken. Wer schon einmal Sandburgen am Meer gebaut hat, weiß, dass die Wellen sie angreifen und zerstören, wenn die Gräben nicht dauernd ausgeschippt werden. Schon seit 2009 ruhen alle Arbeiten am Projekt. Die Baufirma, die für „The World" verantwortlich ist, hat Milliarden Schulden. Die Immobilienpreise sind dramatisch gesunken und kaum einer will weiter in die kostspielige Landgewinnung investieren. Zahlreiche Dienstleistungs- und Baufirmen haben Millionen US-Dollar regelrecht in den Sand gesetzt. Nicht mehr ausgebaggert werden inzwischen die Fahrrinnen und Kanäle zwischen den Inseln. Sie füllen sich mit Sand und Schlick und sind somit unpassierbar. Auch der entlang der äußeren Küste errichtete Steinwall kann das Wasser nicht mehr zurückhalten. Es ist nicht abzusehen, wann und ob überhaupt das Großprojekt „The World" vollständig abgeschlossen werden kann. Oder gewinnt die Natur das Land wieder zurück?
(Zusammengestellt nach Zeitungsberichten)

M3 Nur eine Insel ist bebaut.

Wassermangel und Wasserüberschuss

„Der nächste Krieg im Nahen Osten [...] wird nicht um Politik, sondern um Wasser geführt werden."
(Boutros Ghali, ehemaliger UNO-Generalsekretär)

Die Ressource Wasser

Die Erde ist ein Wasserplanet. Etwa 70 Prozent der Erdoberfläche werden von Wasser bedeckt. Die Wasservorkommen der Erde sind aber nur eingeschränkt für den Menschen nutzbar. Lediglich 2,5 Prozent des weltweiten Wasservorkommens sind Süßwasser. Von dieser bereits sehr geringen Menge ist nur etwa ein Prozent für den Menschen nutzbar.

Ohne Wasser kann der Mensch nicht leben. Er braucht es hauptsächlich zur Erzeugung von Nahrungsmitteln, zum Trinken, zum Waschen und für die Produktion von Industriegütern.

Das Süßwasser ist auf der Erde sehr ungleich verteilt. Vor allem aus klimatischen Gründen gibt es Wasserüberschuss- und Wassermangelgebiete. Dort, wo es wenig regnet und die Bevölkerungszahl rasch ansteigt, wird der Rohstoff Wasser immer knapper. Damit wird die Nahrungsmittelproduktion eingeschränkt. Die Trinkwasserqualität ist in den Gebieten mit Wassermangel schlecht und bedroht die menschliche Gesundheit. Die Prognosen sagen, dass im Jahr 2025 fast zwei Milliarden Menschen unter Wassermangel leiden werden. Das entspricht einem Viertel der Weltbevölkerung. Vor allem in den Trockengebieten der Erde werden die Konflikte um die Ressource Wasser zunehmen.

AUFGABEN

2 Notiere die Regionen mit Wassermangel. Trage Gründe für die Verteilung der Wasserüberschuss- und der Wassermangelgebiete zusammen (M4).

3 Nenne Gründe, warum Konflikte um Wasser im 21. Jahrhundert zunehmen werden.

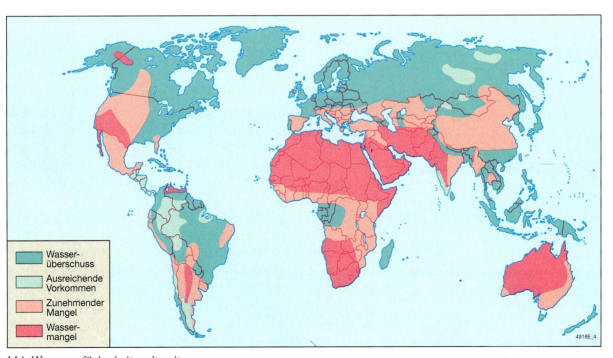

M4 Wasserverfügbarkeit weltweit

Dubai – der Umgang mit dem Wasser

Dubai – Notwendigkeit des nachhaltigen Umgangs mit Wasser

Der Ausbau Dubais zur Touristenmetropole in den vergangenen zwei Jahrzehnten mit der Errichtung von nahezu 400 Hotels, die Steigerung der Touristenzahlen und der enorme Bevölkerungsanstieg wirken sich unter anderem stark auf den Energie- und Wasserverbrauch des Emirats aus.

Der Burj Khalifa, dessen Bau 1,8 Milliarden US-Dollar gekostet hat, ist ein gutes Beispiel für die Energie- und Wasserverschwendung in Dubai. Das Gebäude beherbergt etwa 800 Appartements, Büros und ein Hotel; diese verbrauchen in Spitzenzeiten 36 Megawatt Strom (entspricht vier Millionen 9-Watt-Energiesparlampen) und fast eine Million Liter Wasser pro Tag.

Mitten in der Wüste Dubais befindet sich auch der größte Golfplatz der Welt: „The Montgomerie". Es ist kein gewöhnlicher Golfplatz, sondern eine Oase des Luxus mit 14 künstlichen Seen. Das fast rundherum von Wasser umgebene Grün am 13. Loch ist mit über 5400 m² neunmal so groß wie üblich. 3,5 Millionen Liter Wasser pro Tag – der Inhalt von 30 000 Badewannen – sorgen dafür, dass hier das Grün auch grün bleibt.

Eine der weltgrößten künstlichen Skihallen steht in Dubai und bietet eine 400 m lange und 80 m breite Skipiste mit einem Höhenunterschied von 85 m. Täglich werden für die Anlage 35 Tonnen Neuschnee erzeugt. Mehrere Millionen Liter Wasser müssen für die Produktion des Kunstschnees jeden Tag eingesetzt werden. Die Temperatur in der Halle beträgt am Tag immer zwischen -1 und -2 °C, nachts, wenn der Schnee hergestellt wird, etwa -7 °C.

Über 90 Prozent des Wassers, das in Dubai verbraucht wird, stammt aus Meerwasserentsalzungsanlagen, der Rest wird dem Grundwasser entnommen. Die Entsalzung von Meerwasser ist nach einer Untersuchung der Umweltorganisation WWF keine sinnvolle Lösung, um der Wasserknappheit zu begegnen. Die Zerstörung von Küstenregionen und der große Energieaufwand sind zwei Hauptgründe, die gegen die Entsalzung sprechen. Momentan wird die Energie für die Entsalzung des Meerwassers in Dubai vor allem aus Ölkraftwerken erzeugt. Dabei entsteht viel Kohlenstoffdioxid, was zum Klimawandel beiträgt.

So sagt Jamie Pittock, Direktor des globalen Trinkwasserprogramms beim WWF: „Meerwasser-Entsalzung ist ein teures, energieintensives Unterfangen. Es führt durch die Abgase aus den Kraftwerken zu einer Zunahme von Treibhausgasen und zerstört zudem noch die Küsten. Man erhält bei der Entsalzung Süßwasser, aber auch eine Menge Salz." Wo und wie dieses Salz wieder in die Natur eingebracht werde, sei ein problematisches Unterfangen. Momentan pumpt man ein Großteil des Salzes zurück ins Meer.

(Nach: Henning Teschner: Schillernde Metropole Dubai. In: Praxis Geographie 10/2011)

M1 Wasser in Dubai – endlos verfügbar?

AUFGABEN

1 Erläutere die Folgen des Ausbaus des Emirats Dubai hinsichtlich des Wasserverbrauchs (M6).

2 Bewerte die Höhe des Wasserverbrauchs in Dubai im Sinne der Nachhaltigkeit (M7).

3 Überlege und berichte, wie du dich als Tourist in Dubai verhalten würdest.

Die trockenheiße Zone

M2 Der Burj Khalifa ist 828 m hoch.

M3 In Dubai gibt es sechs Golfplätze.

M4 Dubai-Skihalle

M5 Meerwasserentsalzungsanlage

2001	223
2003	264
2005	287
2007	324
2009	378
2011	409

(Quelle: Dubai Statistical Yearbook 2012)

M6 Wasserverbrauch in Dubai (in Mio. m³)

25	Indien	237	Schweiz
122	Deutschland	270	Spanien
139	Dänemark	278	Japan
149	England	295	USA
162	Österreich	500	Dubai

M7 Durchschnittlicher Wasserverbrauch pro Person und Tag im Jahr 2011 (in Litern)

Gewusst ...

Die trockenheiße Zone – in den Wüst

1. Pyramidenrätsel

1. „Grüne Insel" in der Wüste
2. „Schwarzes Gold"
3. Längster Fluss Afrikas
4. Nutztier in der Wüste
5. Sonnenhöchststand
6. Gebirge in NW-Afrika

ö = oe

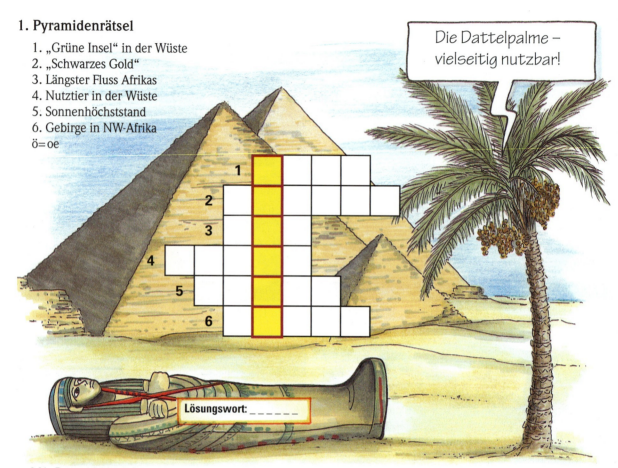

Die Dattelpalme – vielseitig nutzbar!

Lösungswort: _ _ _ _ _ _

M1 Pyramidenrätsel

M2 Die Dattelpalme

M3 Oasengarten

M4 Nomade in der Sahara

... gekonnt

...rdafrikas und der Arabischen Halbinsel

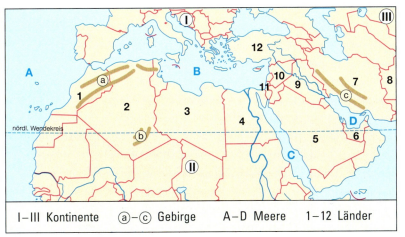

M5 Übungskarte

I–III Kontinente ⓐ–ⓒ Gebirge A–D Meere 1–12 Länder

M7 Dubai – ein Traumziel?

In den Wüsten herrscht … . Nach der **Bodenart** unterscheidet man die folgenden drei Wüstenarten: … .
Nach der **Jahresmitteltemperatur** unterscheidet man zwei Wüstenarten; sie heißen: … .
Nach der **Lage** unterscheidet man drei Wüstenarten:
1. Die … liegen im Bereich der Wendekreise. Zu ihnen zählen folgende Wüsten: …
2. Die … sind Wendekreiswüsten, die an den Küsten an den …seiten der Kontinente liegen. … Meeresströmungen vor den Küsten bewirken, dass sich die Luft abkühlt und abregnet, bevor sie das Land erreicht. Zu ihnen zählen folgende Wüsten: …
3. Die … werden durch ihre Lage im Regenschatten von Gebirgen bestimmt. Zu ihnen gehört folgende Wüste: … .

M6 Verschiedene Wüsten

AUFGABEN

1 Löse das Pyramidenrätsel (M1).

2 Zähle auf, was Oasenbewohner alles von der Dattelpalme nutzen können (M2).

3 Ergänze überall die „drei Punkte" in M6.

4 Bestimme die Wüstenarten in M4 nach Bodenart und Lage. Erkläre jeweils die Entstehung.

5 Erläutere, wie Oasenbewohner in M3 ihren Lebensraum nutzen.

6 Bearbeite die Übungskarte M5. Nenne die Kontinente, die Länder mit ihren Hauptstädten, Meere und Gebirge.

7 Traumziel Dubai (M7)? Bewerte und begründe, ob Dubai auch für dich ein Traumziel darstellt.

Was habe ich gelernt?
1. Ich kann bedeutende Wüsten der Erde auf einer Karte verorten.
2. Ich kann Wüstenarten unterscheiden und ihre Entstehung erklären.
3. Ich kann Klimadiagramme eines Wüstenklimas systematisch auswerten.
4. Ich kann das traditionelle Wirtschaften in Oasen erläutern.
5. Ich kann die gegenwärtigen Entwicklungen in Dubai beschreiben.
6. Ich kann Schwierigkeiten bei der Wasserversorgung in Dubai erläutern.
7. Ich kann Informationen aus Tabellen in geeignete Diagramme umwandeln.
8. Ich kann das Ausmaß der Wassernutzung in Dubai bewerten.
9. Ich kann mein eigenes Handeln als Tourist reflektieren.

Die kalte Zone

der Tundra und Taiga Eurasiens

Tundra

Nadelwaldzone
(in Russland Taiga genannt)

Klimaänderung von West nach Ost

AUFGABEN

1 a) Beschreibe die Lage der Klimastationen in M1 (M2, Atlas).
b) Beschreibe das Klima jeder Station (M1).
c) Erkläre den Begriff Kontinentalität des Klimas. Nutze auch Erkenntnisse aus M5.

2 Beschreibe die Ausdehnung der Zone des Kontinentalklimas. Vergleiche mit Ausdehnungen in Europa (M2).

Zunehmende Kontinentalität

In Westeuropa herrscht **Seeklima** (oder **maritimes Klima**). Im Vergleich zu Mittel- und Osteuropa fällt mehr Niederschlag und die Temperaturunterschiede sind geringer. Die Ursachen dafür sind die Wärme speichernde Wirkung des Atlantischen Ozeans und die höheren Wassertemperaturen des **Golfstroms**, einer warmen Meeresströmung. Die über dem Meer durch Verdunstung aufsteigende Feuchtigkeit wird vom Westwind in Richtung Osten getragen. Mit zunehmender Entfernung vom Meer regnet es deshalb seltener und schwächer. Das Seeklima geht allmählich in kühles **Kontinentalklima** über.

Im Winter bilden sich über dem Nordpolarmeer Kaltluftmassen, die sich nach Süden ausbreiten. Stürme mit Schnee und Eis dringen weit in die Festlandsgebiete Nordasiens vor. Abgeschwächt erreichen sie auch Mittelasien. Im sibirischen Oimjakon wurde einst mit -71,2°C die kälteste Temperatur in einem bewohnten Gebiet gemessen.

INFO

Merkmale der Kontinentalität
- Geringe Niederschlagsmenge
- Verschiebung der Hauptniederschlagszeit in die wärmeren Monate
- Große Temperaturdifferenz im Tages- und Jahresverlauf
- Große Anzahl der Frosttage

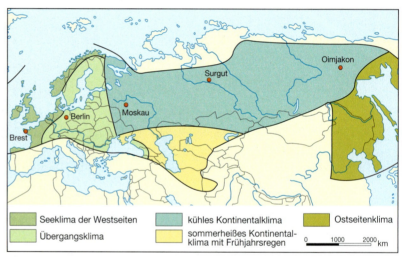

M2 Klimatypen zwischen Atlantischem Ozean und Pazifischem Ozean

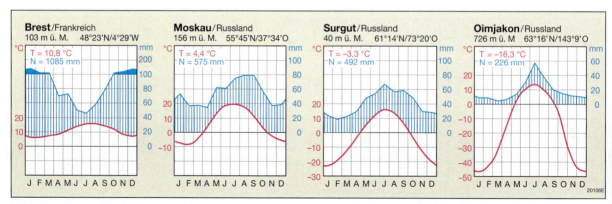

M1 Klimaunterschiede zwischen Brest, Moskau, Surgut und Oimjakon

Die kalte Zone

Weiter im Süden – in Mittelasien – sinken die Temperaturen nicht so stark. Zwar herrscht auch hier ein kontinentales Klima, das aber von einer stärkeren Sonneneinstrahlung überlagert wird. Die große Entfernung vom Meer ist für die Trockenheit dieser Gebiete verantwortlich.

AUFGABE

3 Erläutere die Unterschiede zwischen See- und Kontinentalklima.

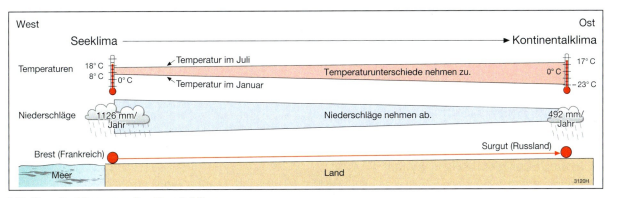

M3 Vom Seeklima zum Kontinentalklima

In Westeuropa, wie hier bei Brest, ist der Anbau von frostempfindlichem Gemüse möglich.

In Surgut, herrschen im im Frühjahr oft tiefe Temperaturen. Deshalb tragen die Menschen Pelzkleidung.

M4 In West- und Osteuropa im April

Um zu erklären, was unter Kontinentalität zu verstehen ist, führe folgenden Versuch durch:
1. Fülle eine flache Schale mit Wasser und die andere mit Sand. (Die Schalen sollen gleich groß sein.)
2. Stelle fest, wie warm das Wasser und wie warm der Sand ist. (Verwende zwei Thermometer.) Schreibe die Temperaturwerte auf.
3. Schalte zwei Lampen (Rotlicht, keine Energiesparlampen) gleichzeitig an. Achte darauf, dass die Schalen senkrecht bestrahlt werden.
4. Lies nun an den Thermometern alle drei Minuten die Temperatur des Wassers und die des Sandes ab. Schreibe die Temperaturwerte auf.
5. Schalte die Lampen nach 30 Minuten aus.
6. Lies an den Thermometern wieder alle drei Minuten die Temperatur des Wassers und die des Sandes ab. Schreibe die Temperaturwerte auf.
7. Beschreibe anhand der Temperaturwerte, wie stark sich das Wasser und wie stark sich der Sand aufgewärmt und wieder abgekühlt haben.

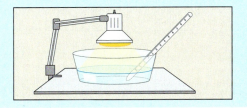
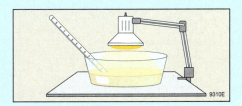

M5 Versuch zur Erwärmung und Abkühlung von Wasser und Land

Klima- und Vegetationszonen zwischen Nordpolarme

Klimabedingte Zonalität der Vegetation

Die Entstehung und Ausbreitung von Klima- und Vegetationszonen ist unter anderem vom Neigungswinkel der Erdachse und dem damit verbundenen Einfallswinkel der Sonnenstrahlen abhängig. Großen Einfluss haben zudem die Verteilung von Land und Meer, die Höhenlage und die Auswirkungen von Meeresströmungen.

In der Regel nehmen auf der Nordhalbkugel die Jahresdurchschnittstemperaturen von Norden nach Süden hin zu, weil die Sonnenstrahlen zunehmend steiler auf die Erdoberfläche treffen und sie daher stärker erwärmen.

Die Jahresniederschlagsmenge steigt bis in die gemäßigten Breiten, nimmt aber nach Süden hin aufgrund kontinentaler Einflüsse wieder ab.

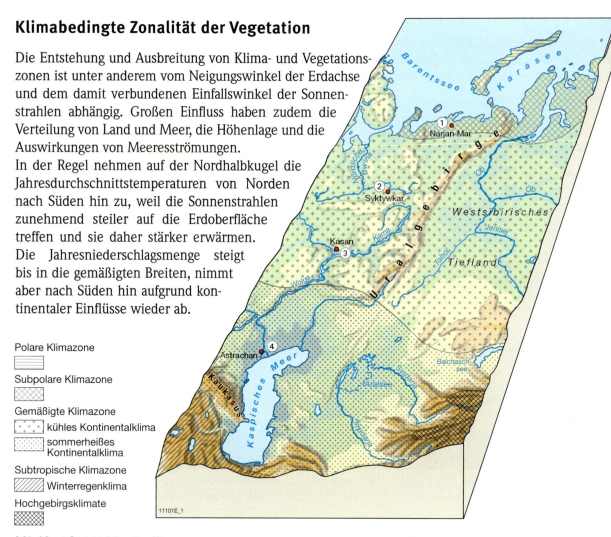

Polare Klimazone
Subpolare Klimazone
Gemäßigte Klimazone
  kühles Kontinentalklima
  sommerheißes Kontinentalklima
Subtropische Klimazone
  Winterregenklima
Hochgebirgsklimate

M1 Nord-Süd-Abfolge der Klimazonen

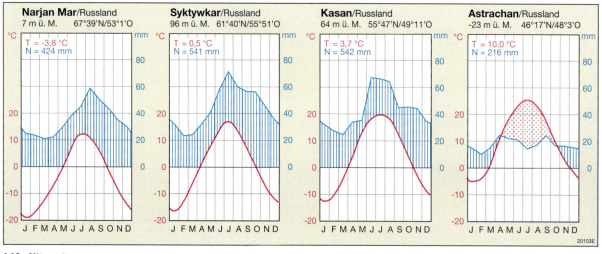

M2 Klimadiagramme

d Kaukasus

Die kalte Zone

Polare Kältewüste: Küste und Inseln des Nordpolarmeeres sind fast ganzjährig schnee- und eisbedeckt. Sie gehören zur polaren Kältewüste. Der Boden ist bis zu 300 m tief gefroren. Während einer kurzen sommerlichen Auftauphase beginnt die schlammige Oberschicht zu fließen. Nur wenige spezialisierte Pflanzen, wie beispielsweise Moose und Flechten, können hier überleben.

Tundra: Auf dem im Sommer auftauenden **Dauerfrostboden** gedeihen flach wurzelnde Pflanzen mit niedrigen Wuchsformen, aber keine Bäume. Moose und Farne profitieren vom Wasserreichtum der zwei bis drei kühlen Sommermonate. Die Menschen der Tundra leben von Rentierhaltung und Pelztierjagd.

Taiga: Die Temperaturen der Sommermonate führen zu einer mehrmonatigen **Vegetationsperiode**. Unter diesen Bedingungen gedeihen umfangreiche Nadelwälder. Regional ist Landwirtschaft auf Ackerbauinseln möglich. Die Taiga hat den größten Anteil an der Gesamtfläche Russlands. Hier wächst ein Fünftel der Weltholzvorräte.

Laubwald- und Mischwaldzone: Mit dem Übergang zur gemäßigten Klimazone entwickelt sich sommergrüner Laub- und Mischwald. Die Pflanzenwelt ist vielgestaltig, so variieren Blattgröße und Wuchsform. Der Anbau von Getreide, Obst und Gemüse ist in Abhängigkeit von den Bodenverhältnissen möglich.

Steppe: Aufgrund des Wassermangels ist die Steppe baumlos. Die Sommertrockenheit lässt v.a. robuste Gräser überleben. Bewässerungstechniken ermöglichen eine landwirtschaftliche Nutzung (z. B. Getreide und Sonnenblumen) der fruchtbaren Schwarzerde der Steppengebiete.

Winterkalte Wüste und Halbwüste: Entlang von Flüssen und um Oasen gedeiht eine natürliche Vegetation, die Wasser speichert und hohe Temperaturschwankungen toleriert. Ansonsten ist das Gebiet vegetationsarm bis vegetationslos.

M3 Abfolge der Vegetationszonen in Russland

AUFGABEN

1 Fertige mithilfe einer Atlaskarte eine Umrisskarte Russlands an.
a) Trage die Klimazonen Russlands in die Karte ein (Atlas).
b) Ordne den Klimadiagrammen (M2) die richtige Vegetationszone zu.
Trage die Stationen in die Umrisskarte ein.
d) Trage den Verlauf der Südgrenze des Dauerfrostbodens in die Umrisskarte ein (Atlas).

2 Vergleiche die Lage und Ausdehnung der Klimazonen in Russland und in Westeuropa.

3 Erkläre anhand von Beispielen, wie das Klima die wirtschaftliche Nutzung beeinflusst.

4 Erläutere anhand von Beispielen die Aussage: Die Natur setzt Grenzen.

Gewusst wie

Eine thematische Karte auswerten

- ◆ Steinkohle
- ◆ Braunkohle
- ◆ Gold, Diamanten
- ◆ Erdgas
- ◆ Erdöl
- ◇ Nichteisenmetalle
- ▨ erschlossenes Vorkommen
- ▨ nicht erschlossenes Vorkommen
- ━━ Eisenbahn

M1 Sibirien

Thematische Karten

Täglich begegnen dir im Fernsehen oder in der Zeitung **thematische Karten**. Auch in deinem Atlas gibt es davon eine Menge. Du findest eine Liste der thematischen Karten im Kartenverzeichnis deines Atlas.

AUFGABE

1 Beschreibe in der hier vorgestellten Schrittfolge die Situation der Rohstofflagerstätten in Sibirien.

So wertest du eine thematische Karte aus:

Bei der Auswertung einer thematischen Karte helfen dir folgende Fragen:

1. **Wie lautet das Thema und welcher Raum ist dargestellt?**
   Oft kannst du beides der Kartenunterschrift entnehmen.

2. **Wo liegt der Raum und wie kann man ihn näher beschreiben?**
   Oft kannst du dies mithilfe des Registers im Atlas klären.

3. **Wie groß ist das dargestellte Gebiet?**
   Nutze dazu die Maßstabsleiste.

4. **Was sind die Karteninhalte?**
   Um die Karteninhalte herauszufinden, musst du dir zunächst die Legende anschauen. Stelle fest, was wo und wie oft auf der Karte vorkommt.
   Bei der Beschreibung solltest du eine bestimmte Reihenfolge einhalten. Dabei kannst du nach Unterthemen gliedern, zum Beispiel nach der Art der Nutzung oder nach Himmelsrichtungen, zum Beispiel von Westen nach Osten.

5. **Was ist das Wesentliche?**
   Fasse zum Schluss die wichtigste(n) Aussage(n) zusammen.

Gewusst wie
Die kalte Zone

M2 Arbeit bei -25° C (Wände schützen vor den extremen Wettereinflüssen)

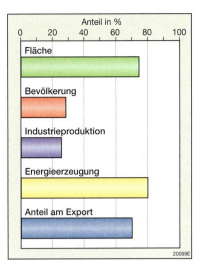

M3 Bedeutung Sibiriens für Russland

Russlands Schatzkammer gestern und heute

Mit seinen etwa 10 Mio. km² ist Sibirien etwa so groß wie ganz Europa. Sein Rohstoffreichtum macht es zur Schatzkammer Russlands.

Im 16. Jahrhundert stießen Pelztier- und Robbenjäger vom Ural aus nach Osten vor und kamen mit wertvollen Fellen zurück, die in Russland und Westeuropa reißenden Absatz fanden und zu Pelzmänteln verarbeitet wurden. Als es zunehmend schwerer wurde, Zobel und andere Tiere zu jagen, suchten die Menschen nach alternativen Erwerbsmöglichkeiten. Vor allem Silber, Gold, Eisen, Blei und Kupfer wurden trotz extremer klimatischer Bedingungen verstärkt gefördert und verhüttet. Aufgrund der großen Entfernungen und der schlecht ausgebauten Verkehrswege wurden nur die wertvollsten Rohstoffe nach Westen transportiert. Alle anderen verarbeitete man vor Ort. Deshalb waren bereits im 18. Jahrhundert größere Bergbauzentren entstanden, die Sibiriens Bedeutung steigerten.

In Wladiwostok und Tscheljabinsk begannen 1891 die Bauarbeiten für die **Transsib**, die mit mehr als 9 000 km längste Eisenbahnlinie der Welt. Die dichten Nadelwälder der **Taiga** lieferten Bau- und Heizmaterial. Bis heute sind die Städte Sibiriens nicht durch ein zusammenhängendes Straßennetz verbunden.

Mitte des 20. Jahrhunderts wurden in Sibirien umfangreiche Vorkommen an Erdöl und Erdgas erschlossen. Für die Belieferung der Zentren im Westen und den **Export** war es notwendig, Pipelines zu verlegen. Nach vier Jahren Bauzeit konnte ab 1963 Erdöl und seit Ende der 1970er-Jahre auch Erdgas nach Mittel- später auch nach Westeuropa geliefert werden.

> Die Zobelbestände Sibiriens wurden über Jahrhunderte stark verringert. Pro Saison lieferte ein Jäger 100 bis 280 Felle ab. Es waren aber hunderte Jäger, die die Wälder auf der Jagd nach Zobeln durchstreiften. Bis in die Neuzeit kam Pelzen eine ganz besondere Bedeutung zu. Sie waren Zahlungsmittel und Statussymbol zugleich. Am englischen Hof durfte Zobel nur von Adligen getragen werden.

M4 Zobelhandel früher

> Unter den größten Steinkohleförderländern der Welt nimmt Russland Platz 7 ein. Im Jahr 2010 wurden 234 Mio. t abgebaut. Dem Kusnezkbecken in Sibirien kommt dabei eine große Bedeutung zu. Es umfasst ein Gebiet von 70 000 km². Der Abbau ist aber sehr gefährlich. Selbst im modernsten Bergwerk des Kusnezkbeckens gab es 2007 eine schreckliche Katastrophe, bei der 110 Bergleute ums Leben kamen.

M5 Rohstoffförderung heute

Rohstoffvorkommen – Stützen der Wirtschaft

Land	Platzierung
Nickel	1
Erdöl	1
Diamanten	1
Erdgas	2
Gold	4
Eisenerz	5
Kohle	6
Silber	6
Uran	6

M1 Russlands Weltrangposition nach Förderung (2010)

Ökologie
- Verschmutzung der Städte
- Eingriffe in den Naturhaushalt usw.

Ökonomie
- hohe Exporterlösen möglich
- Einflussreiche Großunternehmen
- Weltmarktabhängigkeit usw.

Soziales:
- Arbeitsplatzverluste
- Verarmung
- Firmenpleiten
- Hohe gesundheitliche Belastungen

M2 Folgen einer nicht nachhaltigen Nutzung

Die Bedeutung der Rohstoffe für Russland

Erze und **Energieträger** haben eine herausragende Bedeutung für die verarbeitende Industrie Russlands und den Export. Allein Erdöl und Erdölprodukte haben einen Anteil von fast 50 Prozent an den Exporterlösen des Landes. Die Förderung von Erdgas, Nickel, Platin, Gold, Stein- und Braunkohle sowie auch von Diamanten und Cobalt ist ebenfalls bedeutsam.

In einigen Regionen unterliegt der russische Bergbau Großunternehmen. Sie verfügen über Lagerstätten, Förderlizenzen sowie über die Transport- und Verarbeitungsmöglichkeiten der Rohstoffe und sind die einzigen Arbeitgeber. Sie beherrschen die politischen Entscheidungen vor Ort und können mit der Preisgestaltung Einfluss auf die Außenpolitik nehmen. So erhöhte beispielsweise im Jahr 2005 der weltgrößte Erdgasproduzent Gazprom den Preis für die Ukraine erheblich und löste damit eine schwere Krise aus.

Die Rohstoffförderung ist jedoch sehr weltmarktabhängig. In Krisensituationen, in denen die weltweite Nachfrage sinkt, wirkt sich das auf die Fördermengen aus. Es kommt zu Gewinneinbrüchen und Entlassungen. Die Steuereinnahmen Russlands sinken und die Staatsschulden steigen. Erst wenn die Nachfrage nach Rohstoffen wieder zunimmt, steigen die Erlöse und der Staat kann seine Schuldenlast reduzieren.

Vielfach ist der Abbau von Rohstoffen oder deren Verarbeitung mit erheblichen Eingriffen in den Naturraum verbunden. So stehen einige russische Städte auf der Liste der verschmutzten Städte international ganz oben.

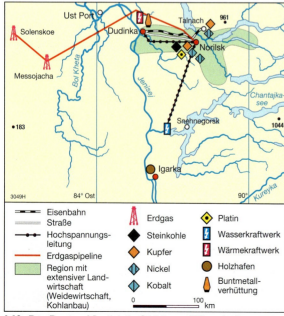

M3 Die Region Norilsk in Sibirien – Wirtschaft

Wismar: Am gestrigen Abend verließ der auf den Namen „Jenisej" getaufte und 170 m lange, eisbrechende Tanker die Dockhalle in Wismar. Der neue Besitzer, die MMC Norilsk Nickel, hat ein Schiff bestellt, das bei Temperaturen bis minus 50 °C eingesetzt werden kann, um die schwer zugängliche Stadt Norilsk mit Flüssiggütern zu versorgen. Der Auftrag aus Sibirien sichert hunderten Beschäftigten in Wismar und Warnemünde für Monate die Arbeit.

(Nach: Ostsee-Zeitung vom 31.05.2011)

M4 Eis brechender Tanker

Die kalte Zone

M5 Landschaftsschäden bei Norilsk

In Norilsk arbeiten ungefähr 80 Prozent der Beschäftigten bei MMC Norilsk Nickel, dem weltweit führenden Produzenten von Nickel und Palladium. Nickel ist ein Stahlveredler und Palladium wird in der chemischen Industrie als Katalysator eingesetzt.
In einem Umkreis von mehreren Kilometern hat sich eine schwarze Schicht abgelagert. Aber viele Schadstoffe sind nicht sichtbar. Extrem giftige Schadstoffe schweben in der Luft. Im Laufe eines Jahres gehen über 2 000 t dieser Partikel auf die Region nieder, schätzen Wissenschaftler. Tausende Menschen erkranken. 200 000 ha Wald sind bereits abgestorben.

M6 Norilsk: Leben mit und vom Bergbau

AUFGABEN

1 a) Beschreibe die Lage von Norilsk. Benenne weitere Städte Russlands mit vergleichbaren Lagemerkmalen.
b) Klassifiziere die Bodenschätze der Region Norilsk (M3, M8).

2 a) Beschreibe die Lebensbedingungen in Norilsk (M5, M6).
b) Die Einwohnerzahl von Norilsk nimmt ab. Nenne Gründe (M2, M5, M6).

3 Nimm Stellung zur Bedeutung des Baus von Eis brechenden Tankern für Norilsk (M4).

4 Bewertet den Nickelabbau in Norilsk. Bereitet dafür in Partnerarbeit ein Streitgespräch vor zwischen einem Vater, der bleiben will, und seiner Tochter, die wegziehen will.

5 Beurteile die Bedeutung Russlands für die Befriedigung des Rohstoffbedarfs auf der Erde (M1).

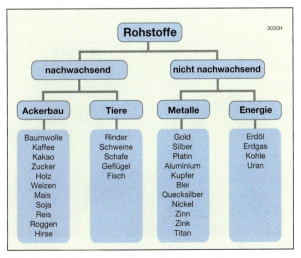

M7 Entwicklung der Rohstoffpreise (Auswahl)

M8 Klassifizierung der Rohstoffe (Auswahl)

Probleme der Raumnutzung

AUFGABEN

1 Beschreibe den Raum Sibirien (M1, M4, M5).

2 Erläutere den Zusammenhang zwischen Klima, Vegetation und Boden anhand der Beispiele M2, M4, M5.

3 Bewerte, inwieweit der Einsatz von Bomben beim Frühjahrshochwasser am Unterlauf der sibirischen Ströme sinnvoll ist. Bedenke Vor- und Nachteile (M4).

4 Erkläre mithilfe einer Skizze, warum im Gebiet des Dauerfrostbodens Häuser auf Stelzen gebaut werden.

5 Diskutiert die Mitverantwortung der Menschen bei Wald- und Steppenbränden (M2).

M1 Große Teile Sibiriens sind im Sommer aufgrund aufgeweichter Pisten schwer erreichbar.

Hitze, Kälte und Dürre

Klima, Boden, Vegetation und Oberflächenformen beeinflussen im Zusammenspiel und in unterschiedlicher Ausprägung die Nutzung des Raumes durch den Menschen.

Die Mündungsbereiche der sibirischen Ströme sind im Frühjahr länger vereist als die Quellgebiete im Süden. Eisdecke und Treibeis verhindern den Abfluss und bewirken Überschwemmungen.

Gebäude und Straßen auf dem Dauerfrostboden Sibiriens müssen tiefer verankert werden, da im Sommer Sumpfflächen entstehen.

Ausbleibende Niederschläge sind in kontinentalen Gebieten keine Seltenheit. Die vertrocknete Vegetation entzündet sich leicht.

Im Sommer des Jahres 2010 wüteten in Russland Waldbrände eines unvorstellbaren Ausmaßes. Die Feuer verwüsteten eine Fläche von mehr als 7 600 km², was der mehr als achtfachen Fläche Berlins entspricht. Experten machen eine extreme Hitze von bis zu 42 °C im Schatten und unachtsames Verhalten im Wald verantwortlich. Die Rauchschwaden zogen bis in die Großstädte und führten dort zur Zunahme von Atemwegerkrankungen. Allein in Moskau soll sich deswegen die Anzahl der Todesfälle verdoppelt haben.

M2 Der Rauch zieht bis in die Innenstadt Moskaus

Die kalte Zone

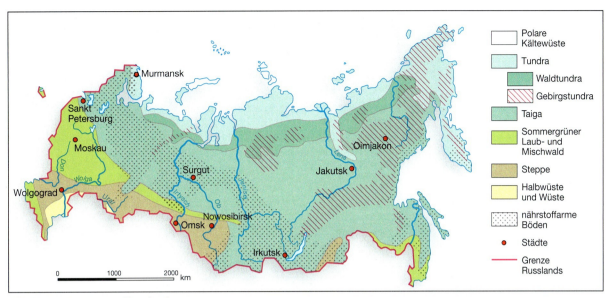

M3 Vegetationszonen Russlands

Der sibirische Fluss Lena ist rund um die Großstadt Jakutsk auf einen Rekordstand angeschwollen. In einigen Gebieten hat das Wasser bereits die Deichkrone erreicht. Eine weitere, zwei Meter hohe Flutwelle vom Oberlauf der Lena vergrößert die Probleme. Zahlreiche Vororte von Jakutsk stehen bereits unter Wasser. Selbst mit Bombenabwürfen der russischen Luftwaffe ist es nicht gelungen, eine auf 28 km Länge angestaute Eisbarriere im Strom nördlich der Stadt aufzulösen. Vor den eisigen Fluten der Lena waren knapp 46 000 Menschen in Sicherheit gebracht worden. In Lensk (800 km westlich von Jakutsk) wurden während des Hochwassers 2001 rund 1 800 Häuser von den Fluten zerstört.
Inzwischen wurde die großenteils zerstörte Stadt an gleicher Stelle wieder aufzubauen.
(Nach: www.spiegel.de/panorama/0,1518,135307,00.html, am 14.10.11)

M4 Können Bomben gegen Hochwasser helfen?

Reporter: Warum waren Sie gerade im Winter in Sibirien als Bauingenieur tätig?

Bauingenieur: Obwohl gerade im Winter mit extremen Temperaturen und Schneestürmen zu rechnen ist, können alle Bauwerke im gefrorenen Boden gut verankert werden. Der Boden ist tiefgründig stabil.

Reporter: Warum ist das im Sommer nicht möglich?

Bauingenieur: Im Sommer taut der Boden bis zu 30 cm tief auf. Über der verbleibenden Dauerfrostschicht von mehreren hundert Metern bilden sich Schlamm und Sumpf. Die Gebäude drohen dann zu versinken oder in Schräglage zu geraten. Auf großen Flächen kann die obere Schicht auch in Bewegung geraten.

Reporter: Was kann dagegen getan werden?

Bauingenieur: Die neuen Gebäude werden auf Stelzen gestellt, die tief im Dauerfrostboden verankert sind. Unter den Häusern bleibt ein Polster aus kalter Luft, das ein Auftauen verhindert.

M5 Probleme beim Bauen in Sibirien

Die Tragödie vom Baikalsee

M1 Größe des Baikalsees im Vergleich zu Deutschland

M2 Schamanenbaum am Baikalsee. Hier führen die Einheimischen ihre religiösen Handlungen durch.

INFO

Die Baikal-Region

- Zwei Drittel aller Tier- (1500) und Pflanzenarten (1000) sind endemisch (kommen nur hier vor); z. B. der lebendgebärende Fisch, die Golomjanka.
- Viele Kultstätten der Schamanenkultur befinden sich rund um den See; die Insel Olchon ist die wichtigste Kultstätte.
- 1996 wurde die Baikal-Region von der UNESCO zum Weltnaturerbe erklärt.
- Der Tourismus (Öko-, Wellness-, Ski- und Kulturtourismus) bietet Arbeitsmöglichkeiten für die Bevölkerung.
- Der See ist mit 31 500 km² Seefläche und 1637 m Maximaltiefe das größte Süßwasservorkommen der Welt.
- Gefahren gehen von einer geplanten Erdölpipeline und einem Atommülllager aus.

Entwicklung der Industrie in einem ökologisch sensiblen Raum

Sibiriens Ströme gehören zu den wasserreichsten der Erde. Sie sind wichtige Versorgungsadern für die sibirischen Städte. Anfang der 1950er-Jahre wurde begonnen, an ihnen Staudämme zu errichten. Besonders an der Angara entstanden mehrere Wasserkraftwerke, sodass sie den Beinamen „elektrischer Fluss" bekam.

Die günstig produzierte Elektroenergie und das reichlich vorhandene Kühlwasser boten die Möglichkeit, Fabriken mit energieintensiven Produktionsverfahren anzusiedeln. So entstanden am Ufer des Baikalsees neue Betriebe. Schon während der Bauarbeiten zogen mehr und mehr Menschen in die aufblühenden Städte. Auf diese Weise sind in Sibirien viele Siedlungen, auch Millionenstädte entstanden.

In vielen Städten gibt es immer noch nur einen Großbetrieb, der Rohstoffe fördert und verarbeitet. Bei Absatzproblemen drohen Entlassungen. Da es aber kaum alternative Beschäftigungsmöglichkeiten gibt, verschlechtert sich die Lebenslage der Bevölkerung. Hinzu kommen Versorgungsprobleme, schwierige Lebensbedingungen und ökologische Schäden. Als Folge nimmt die Einwohnerzahl ab – teilweise entstehen sogar „Geisterstädte". Deshalb bemüht sich die Politik, das Überleben der Großbetriebe zu sichern – auch wenn sie ökologisch fragwürdig sind (M3, M6, M7).

Die kalte Zone

- Herstellung von 200 000 t Zellulose und 12 Mio. Tonnen Verpackungspapier jährlich
- Hauptaktionär ist der russische Staat
- 2 300 Mitarbeiter (bis 2008), nach der Wiederaufnahme der Produktion (2010) noch 1500
- Modernisierung (von 2008 bis 2010): Aufbau eines geschlossenen Wasserkreislaufs für 2 Mio. € und einer Kläranlage für 1,25 Mio. €
- 2010 etwa 50 Prozent Produktionsauslastung, Ausbau der Handelsbeziehungen mit China möglich
- für die im geschlossenen Kreislauf produzierte ungebleichte Zellulose gibt es kaum Interessenten
- einziger Großbetrieb in Baikalsk

M3 Zellulosekombinat ZBK

M7 Das ZBK

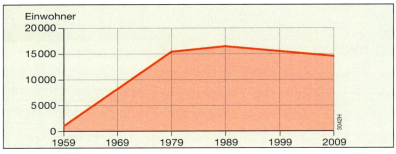

M4 Baikalsk – Entwicklung der Einwohnerzahl

Jahr	1994	2000	2010
Baikalrobben	104 000	84 000	70 000

M5 Entwicklung der Robbenzahl am Baikalsee

M6 „Gebt den Kindern die Chance, den Baikal lebend vorzufinden." – Proteste gegen das ZBK

AUFGABEN

1 Beschreibe die Entwicklung der Einwohnerzahl in Baikalsk (Text, M4).

2 Erkläre den Zusammenhang zwischen der Entwicklung der Robbenbestände (M5) und der Nutzung des Baikalsees.

3 a) Nenne die Argumente von Befürwortern und Gegnern des ZBK (M7).
b) Diskutiert die Zukunft des ZBK in Partnerarbeit (Info, M3 – M7).

4 Informiere dich in den Medien über die aktuelle Situation von Baikalsee und ZBK und bereite einen Kurzvortrag vor.

M8 Baikalrobben

Gewusst wie
Ein Streitgespräch führen

So führt ihr ein Streitgespräch

1. Vorbereitung
Bildet mithilfe der Rollenkarten Interessengruppen, die sich darauf vorbereiten, ein Mitglied für das Streitgespräch zu entsenden.
Arbeitet das Material im Buch durch. Besorgt euch auch Materialien, die nicht im Buch stehen. Sammelt Argumente für oder gegen die Nutzung des Regenwaldes. Sucht nach Alternativen und Kompromissen.

2. Durchführung
Bestimmt eine Leiterin oder einen Leiter des Streitgesprächs und mindestens sechs Journalisten bzw. Journalistinnen für die Beobachtung und Berichterstattung.

3. Auswertung
Bewertet den Ablauf der Diskussion und das Ergebnis. Die Mitglieder des Streitgesprächs und das Publikum äussern sich und diskutieren ihre Auffassungen.

M2 Foto: Erdgasförderung in Jamburg; Diagramm: Erdgaslieferanten

M3 Russisches Erdgas für Europa

AUFGABE

1 Beschreibe die Lage der bedeutendsten Erdgasförderregionen Russlands (Atlas). Trage sie in eine Umrisskarte ein und miss deren Entfernung zu den großen Städten in Deutschland.

Auf Russland entfallen mehr als 30 Prozent der weltweiten Erdgasvorkommen. Im Autonomen Bezirk Jamal-Nenzen befindet sich gegenwärtig das Zentrum der russischen Erdgasförderung. Auch in Zukunft wird sich daran nichts ändern, denn hier sind 90 Prozent der russischen Reserven ausgemacht worden. Pipelines liefern den begehrten Rohstoff nach Westen und bald auch in die boomenden chinesischen Industriezentren. Da die Nachfrage sehr groß ist, sollen hier sechs Trassen ihren Anfang nehmen. In den Städten der Region sorgt das Erdgas für Wohlstand. Die Häuser sind neu gebaut oder frisch renoviert. Die Straßen sind in einem guten Zustand und nachts beleuchtet. Das Einkommen ist hoch. Es übersteigt den Landesdurchschnitt um das Fünffache. Der Hauptarbeitgeber der Region ist Gazprom. Der Konzern garantiert eine Rundumversorgung: Arbeit, Lebensmittel, Bildung und Freizeitgestaltung.
Und die Erkundungsarbeiten gehen weiter. In der Karasee und am östlichen Ufer der Obmündung wurden weitere Erdgasfelder entdeckt.

M1 Vom Erdgas garantierter Aufschwung

Gewusst wie
Die kalte Zone

Die im autonomen Bezirk Jamal-Nenzen lebenden Rentierzüchter, die Nenzen, konnten ihre traditionelle Lebensweise aufgrund der abgeschiedenen Lage und der erst im Süden begonnenen Erdgasförderung erhalten. Im Sommer, wenn die Moose und Flechten der Tundra drei Monate lang schnee- und eisfrei sind, ziehen sie mit ihren Herden nach Norden. Mit Einbruch des Winters kehren sie wieder zurück. Ein Teil der Herde wird gefangen und geschlachtet. Schon vor Jahren ist es gelungen, für das Rentierfleisch Lieferverträge mit Fachgeschäften in Deutschland und Österreich abzuschließen.

M4 Aus dem Leben der Jamal-Nenzen

AUFGABEN

2 Stellt in Gruppenarbeit für ein Streitgespräch Vor- und Nachteile der weiteren Erschließung von Erdgasfeldern im Bezirk Jamal-Nenzen gegenüber.

3 Entwirf ein Konzept, wie Erdgasförderung und Rentierzucht miteinander zu vereinbaren sein könnten.

Autonomer Bezirk Jamal-Nenzen

Bezirk Jamal-Nenzen:
- Größe: 769 000 km² (mehr als doppelt so groß wie Deutschland)
- Lagerstätte von 90 % der russischen Erdgasvorkommen
- Lebensraum von 600 000 Rentieren (weltweit der größte Rentierbestand)

- Pro Jahr gibt es etwa 5 000 Brüche an Pipelines.
- Pipelines können nur im Winter, wenn der Boden gefroren ist, repariert werden, weil die schwere Technik sonst versinken würde.

Probleme mit Pipelines

	Name des Gasfeldes	Maximalförderung (Mrd. m³)	Aufnahme der Förderung
1	Bovanenko	115	2011/12
2	Karasavey	32	2014 bis 2019
3	Krusenschtern	33	2022 bis 2025
4	Juschno-Tambei	31	2024 bis 2027
5	Sewro-Tambei	21	2029/30
6	Leningrad	35	2029/30

Gasfelder im Bezirk Jamal-Nenzen

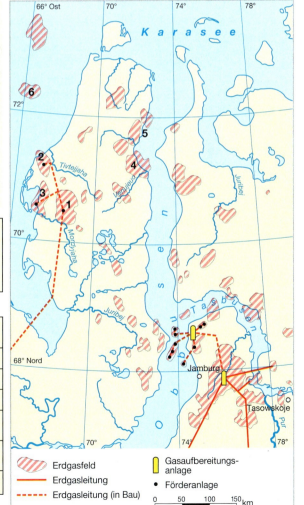

M5 Informationen zum Bezirk Jamal-Nenzen und zur Erdgasförderung in dem Gebiet

Gewusst...

Die kalte Zone

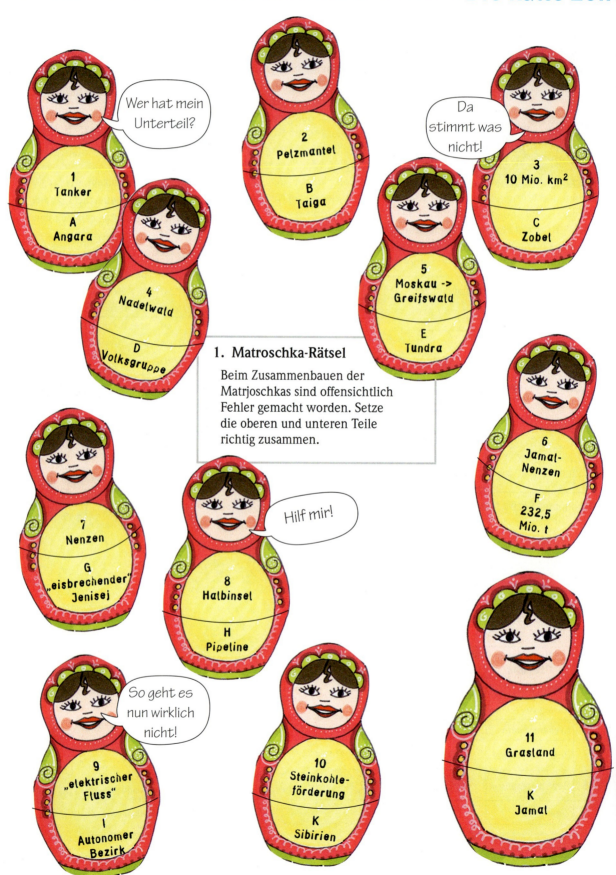

1. Matroschka-Rätsel

Beim Zusammenbauen der Matrjoschkas sind offensichtlich Fehler gemacht worden. Setze die oberen und unteren Teile richtig zusammen.

der Tundra und Taiga Eurasiens ... gekonnt

2. Eine harte Nuss für Polarfüchse

Löse das Rätsel in deiner Mappe oder deinem Heft.

1. Ständig gefrorener Boden
2. Tiefster See der Erde
3. Wirtschaftlich bedeutende Bergbaustadt in Sibirien
4. Wichtiger Exportrohstoff Sibiriens
5. Vorherrschender Klimatyp im Inneren großer Landmassen

Was habe ich gelernt?

1. Ich kann die Verbreitung der borealen Nadelwälder beschreiben.
2. Ich kann Klimadiagramme lesen, auswerten und vergleichen.
3. Ich kann die Merkmale der Taiga, der Tundra und der Eiswüste erläutern.
4. Ich kann die wirtschaftliche Bedeutung der borealen Nadelwälder erklären.
5. Ich kann eine thematische Karte auswerten.
6. Ich kann die Infrastruktur Sibiriens beschreiben.
7. Ich kann die Folgen der Rohstoffgewinnung und Rohstoffverarbeitung für Mensch und Umwelt erläutern.
8. Ich kann ein Streitgespräch führen.

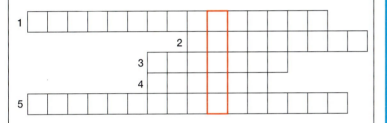

Vater Baikal, so heißt es in einer sibirischen Sage, sah es nicht so gern, dass seine schöne Tochter Angara in den weit entfernten Jenissej verliebt war. Er verbot ihr deshalb, ihn zu sehen, worauf sie bitterlich weinte. Eines Tages nahm der Vater einen Zauberstein und schleuderte ihn mit großer Wucht in die einzige Öffnung des Baikalgebirges. Er wollte verhindern, dass die Tränen den Jenissej erreichen. Die Wucht des Aufpralls vergrößerte den Spalt und von Stund an war die Flucht der Angara nicht mehr aufzuhalten.

3. Eine Sage aus Sibirien

a) Benenne alle in der Sage genannten Gewässer.
b) Wie weit hat es die „Tochter" des Baikals bis zu ihrem Liebsten?

Das Relief der Erde und seine Entstehung

M1 Ausbruch des Vulkans Ätna auf Sizilien (rechts im Hintergrund die Stadt Catania)

Das (un-)bekannte Erdinnere

AUFGABEN

1 Beschreibe, wie die Geowissenschaftler den Aufbau des Erdinneren erforschen.

2 Beschreibe den Schalenbau der Erde (M1).

3 Vergleiche Pfirsich und Schalenbau der Erde (M1). Was stellst du fest?

INFO 1

Magma und Lava

Magma ist ein gashaltiger, glutflüssiger Gesteinsbrei, der in Teilen des oberen Erdmantels und der tieferen Erdkruste vorkommt.
Sobald das Magma durch einen Vulkan oder eine Erdspalte an die Erdoberfläche tritt, nennt man es **Lava**. Man unterscheidet zähflüssige, langsam fließende Lava (Schichtvulkan, siehe S. 124) und dünnflüssige, schnellfließende Lava (Schildvulkan, siehe S. 125).

Tiefste Bohrungen

Die tiefsten Schachtlagen in etwa 4 km Tiefe hat man in Südafrika angelegt. Bereits hier herrscht eine unerträgliche Hitze, denn die Temperatur nimmt mit der Tiefe ständig zu. Die tiefste Bohrung mit über 12 km befindet sich auf der Halbinsel Kola. Wenn man die Bohrungen mit dem Erdradius von rund 6370 km vergleicht, hat der Mensch die Erde bisher nur angeritzt.

Die „Schalen" der Erde

Die Erde ist in mehrere Schalen gegliedert. Die äußere „dünne Haut" der Erde besteht aus festem Gestein und wird **Erdkruste** genannt. Unter den Gebirgen erreicht die Erdkruste ihre größte Mächtigkeit, unter den Ozeanen ist sie am dünnsten. Der sich nach innen anschließende **Erdmantel** reicht bis in eine Tiefe von etwa 2900 km. Seine oberste Schicht besteht auch aus festem Gestein. Diese bildet zusammen mit der Erdkruste die Gesteinshülle der Erde: die **Lithosphäre**. Sie reicht bis in 100 km Tiefe. Wärme aus dem Erdinneren hat die Gesteinshülle verformt und in einzelne Erdplatten zertrennt. Die Platten treiben auf einer zähflüssigen, durchschnittlich 1100 °C heißen Gesteinsschmelze, dem Magma. Die Fließzone unter der festen Gesteinshülle reicht 700 km ins Erdinnere. Der untere Erdmantel ist dann wieder fest. Der **Erdkern** ist noch weitgehend unerforscht. Er besteht aus einem äußeren und einem inneren Bereich. Man vermutet, dass der bis in etwa 5000 km Tiefe reichende äußere Teil flüssig, der innere Kern dagegen fest ist.

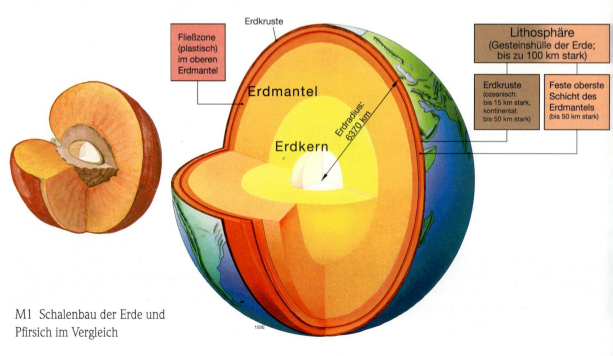

M1 Schalenbau der Erde und Pfirsich im Vergleich

Das Relief der Erde

„Alles Schiebung!"

Es ist der 6. Januar 1912. Bei der Hauptversammlung der Geologischen Gesellschaft in Frankfurt herrscht helle Aufregung. Die Wissenschaftler sind entrüstet. Soeben hat ein gewisser Dr. Alfred Wegener seinen Vortrag beendet: „Die Herausbildung der Großformen der Erdrinde auf geophysikalischer Grundlage."

Alfred Wegener war davon überzeugt, dass die Konturen der Ostküste Südamerikas und der Westküste Afrikas keinesfalls zufällig aneinander passten. Er vermutete, dass vor 250 Mio. Jahren alle heutigen Kontinente in einem Großkontinent **Pangäa** vereint waren. Dieser Urkontinent zerbrach vor etwa 200 Mio. Jahren und seither bilden die Bruchstücke einzelne Kontinente. Die jungen Kettengebirge, wie die amerikanischen Kordilleren oder die Alpen, sind durch das Zusammenschieben der Gesteinsschichten an den Rändern der auseinandertreibenden Kontinente entstanden. Alfred Wegener hatte für die Annahme einer **Kontinentaldrift** Beweise:

- Gleiche Überreste längst ausgestorbener tierischer und pflanzlicher Lebewesen (Mesosaurus und Glossopterisfarn) befinden sich auf den Kontinenten zu beiden Seiten des Atlantiks.
- Gebirge gleichen Alters setzen sich zu beiden Seiten des Atlantiks fort.
- Gletscherspuren, die in Afrika beginnen, setzen sich in Südamerika fort.

Trotzdem wurde ihm heftig widersprochen. Woher sollten die Kräfte kommen, die die Kontinente bewegen?
Zu gering waren damals die Kenntnisse über das Innere der Erde, um gesicherte Vorstellungen entwickeln zu können.

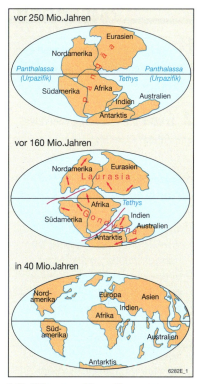

M3 Wegeners Vorstellungen von der Kontinentaldrift

INFO 2

Pangäa

Der Urkontinent Pangäa (auch Pangea) leitet sich von den altgriechischen Begriffen „pan": „ganz, gesamt" und „gaia": „Erde, Land" ab und heißt somit „Ganzerde" oder „Gesamtland". Pangäa war ein zusammenhängender Superkontinent.

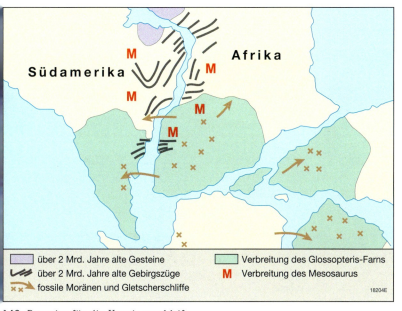

M2 Beweise für die Kontinentaldrift

AUFGABEN

4 Nenne Beweise, die du für Wegeners Theorie der Verschiebung der Kontinente vorbringen kannst.

5 Finde weitere Beispiele für Umrisse von Kontinenten, die zueinander passen (Atlas).

Theorie der Plattentektonik

AUFGABEN

1 Erläutere das heutige Modell der Plattentektonik. Worin liegt der Unterschied zu Wegeners Modell?

2 Erkläre die Verteilung von Vulkanen auf der Erde (M2).

Experiment zur Plattentektonik

Fülle eine große feuerfeste Glasschale mit (evtl. eingefärbtem) Wasser und platziere sie über einer Wärmequelle (z. B. über einem Bunsenbrenner oder einer Herdplatte). Lege nun aus dünnen Styroporplatten ausgeschnittene Kontinente (z. B. Afrika und Amerika) eng nebeneinander ins Wasser. Schalte erst danach die Wärmequelle ein und beobachte, was passiert. Beschreibe die Bewegung der Styropor-Kontinente und vergleiche deine Ergebnisse mit der Theorie der Plattentektonik.

Das Bild der Erde verändert sich

In den 1960er-Jahren gelang es den Geowissenschaftlern, die Kontinentalverschiebungstheorie von Wegener zur Theorie der **Plattentektonik** weiterzuentwickeln. Sie kamen zu folgenden Erkenntnissen:
Die starre Erdkruste, die mit dem festen Teil des oberen Erdmantels die Lithosphäre (Gesteinshülle) bildet, ist keine feste Schale in einem Stück. Sie gliedert sich in große und kleinere **Erdplatten**. Jedoch decken sich die Plattengrenzen nicht mit den Umrissen der Kontinente. Auf einer Platte können also gleichermaßen Teile von Kontinenten und Ozeanen liegen.

Ursachen der Plattentektonik

Die starre Lithosphäre „schwimmt" auf der plastischen, dichteren **Asthenosphäre** (Schicht im oberen Erdmantel). Weil die Asthenosphäre heiß und damit fließfähig ist, treten in diesem Material sogenannte **Konvektionsströme** auf. Das Material in der Tiefe wird dabei erhitzt, dehnt sich aus und steigt aufgrund seiner geringer gewordenen Dichte auf. Oben kühlt das Material wieder ab und sinkt wegen seiner nun größeren Dichte wieder in die Tiefe.
Die Energiequelle dieser Bewegung ist die Wärme im Erdinneren. Diese Konvektionsströme aus heißem Magma zerren an der Lithosphäre. Dadurch gibt es Risse, sie spaltet sich in Erdplatten auf und die Kontinente geraten in Bewegung. An den Plattengrenzen kommt es zu **Vulkanismus** und **Erdbeben**.

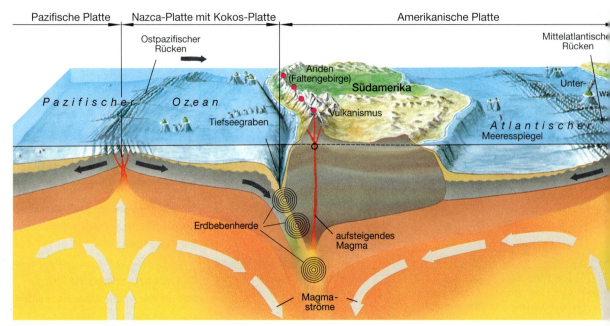

M1 Modell der Plattentektonik

Das Relief der Erde

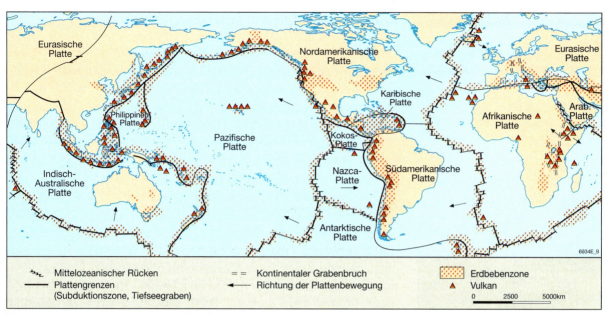

M2 Plattentektonik – Vulkane – Erdbeben

Jede Erdplatte verschiebt sich als selbstständige Einheit. Daraus ergeben sich unterschiedliche Vorgänge an den Plattengrenzen:
- Platten bewegen sich aufeinander zu (**konvergierende Plattengrenzen**).
- Platten bewegen sich in entgegengesetzter Richtung (**divergierende Plattengrenzen**).
- Platten bewegen sich horizontal aneinander vorbei (**Transformstörung**).

AUFGABE

3 Die Plattenränder der Pazifischen Platte werden auch als „zirkumpazifischer (um die pazifische Platte herum verlaufender) Feuerring" bezeichnet. Erkläre.

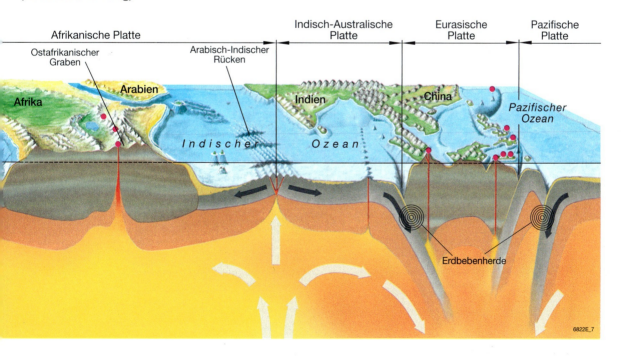

Vorgänge an den Plattengrenzen

AUFGABE

1 Finde weitere Bezeichnungen (wie z. B. Mittelatlantischer Rücken) von mittelozeanischen Rücken auf der Erde (Atlas).

Platten divergieren – Mittelozeanische Rücken

Untersuchungen des Atlantikbodens ergaben, dass dieser von einem bis zu 3000 m mächtigen Gebirge, einem sogenannten Mittelozeanischen Rücken, durchzogen wird. Er bildet die Grenze zwischen Eurasischer und Afrikanischer Platte (im Osten) und den beiden amerikanischen Platten (im Westen). Dieser Mittelatlantische Rücken reicht von Island bis zur Antarktis über eine Länge von etwa 20000 km. Nur an einer Stelle taucht der Rücken aus dem Meer auf, in Island.

Wie ist der Mittelatlantische Rücken entstanden?

Die langsam im Erdmantel aufsteigenden Konvektionsströme teilen sich vor Erreichen der Oberfläche. Dabei zerbrechen sie die Lithosphäre und ziehen sie auseinander (Seafloor Spreading). In den nun entstehenden Bruch kann Magma hineinfließen und ihn ausfüllen. Immer neue Lavaströme bilden allmählich einen Gebirgsrücken, neues Ozeangestein entsteht. Dabei verbreitet sich der Ozeanboden fortwährend.

Viele der Inseln mitten im Atlantik sind nichts anderes als besonders hohe Vulkanberge, die die Wasseroberfläche durchstoßen.

Das Seafloor Spreading wurde vor allem durch die Tiefseebohrungen des amerikanischen Forschungsschiffes „Glomar Challenger" belegt. Altersbestimmungen haben ergeben, dass die Gesteine, die den Mittelatlantischen Rücken aufbauen, immer älter werden, je weiter sie vom Zentrum der Bruchstelle entfernt sind.

M1 Der Mittelatlantische Rücken auf Island

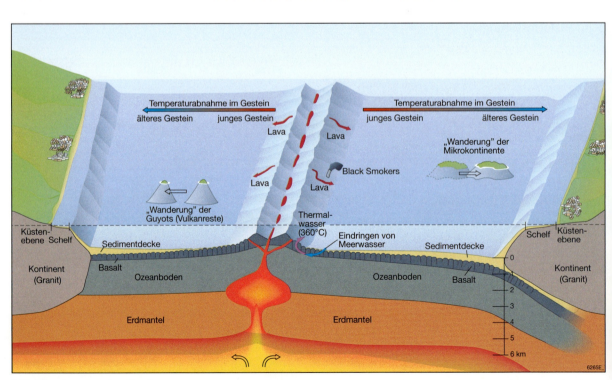

M2 Mittelozeanischer Rücken

Das Relief der Erde

Transformstörung – die San-Andreas-Spalte

Überall an Plattengrenzen treten Erdbeben und Vulkanismus auf. Besonders gefährdet durch Erdbeben sind jedoch die Gebiete, an denen sich Platten horizontal aneinander vorbeibewegen (Transformstörung).

Dies geschieht zum Beispiel in Kalifornien, wo sich eine der bekanntesten Schwächezonen der Erde – die San-Andreas-Spalte – befindet. Sie zieht sich auf einer Länge von 1400 km durch das Land. Diese **Verwerfung** beginnt in Mexiko, streift den Großraum von Los Angeles und verläuft mitten durch San Francisco. Somit sind die beiden größten Ballungsräume Kaliforniens ständig von starken Erdbeben bedroht.

Mit einer Geschwindigkeit von 2,5 bis 4 cm pro Jahr schiebt sich hier die Pazifische Platte an der Nordamerikanischen Platte vorbei. Besondere Gefahr droht immer dann, wenn sich die Platten jahrzehntelang entlang der Verwerfung allem Anschein nach nicht bewegt haben. Unmerklich können sich die Platten verschoben haben, während die Plattenränder aneinander hängen geblieben sind. Dabei verformen sich die Plattenränder und geraten unter immer größere Spannung. Es kann Jahrhunderte dauern, bis sich die gesammelte Spannung entlädt. In einer plötzlichen Bewegung werden Gesteinspakete ruckartig bis zu zehn Meter aneinander vorbeigeschoben. Dieser Ruck verursacht ein starkes Erdbeben.

M4 Lage von Kalifornien

AUFGABE

2 Es wird behauptet, die Städte San Francisco und Los Angeles werden irgendwann aneinander vorbeidriften. Erläutere (M3).

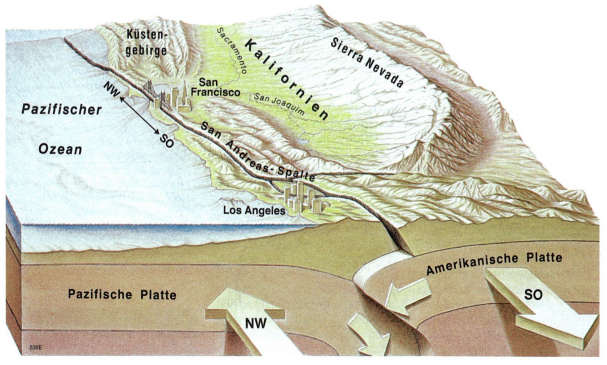

M3 Plattenbewegungen an der San-Andreas-Spalte

Vorgänge an den Plattengrenzen

AUFGABE

1 Belege folgende Aussage mit Beispielen: Die gewaltigen Gebirge der Erde entstanden und entstehen immer an gleicher Stelle, an der Nahtstelle zweier Erdplatten.

Platten konvergieren – der Himalaya

Der Himalaya ist das höchste Gebirge der Erde. Er ist ein typisches Beispiel für ein **Faltengebirge** und durch den frontalen Zusammenstoß von zwei Erdplatten entstanden (Kollision).
Die Indisch-Australische Platte gehörte ursprünglich zum Südkontinent Gondwana und war durch ein Meer von der Eurasischen Platte getrennt.

Vor 120 Mio. Jahren begann sich die Indisch-Australische Platte in Richtung Eurasische Platte zu bewegen.
Dabei taucht der ozeanische Teil der Indischen Platte unter die Eurasische Platte ab. Dieser Prozess dauert bis heute an.

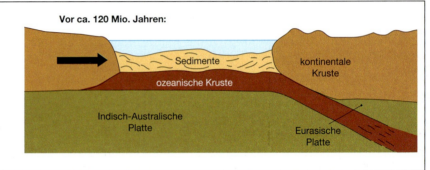

M1 Die Platten bewegen sich aufeinander zu.

Der Ozean engte sich ein und die Meeresablagerungen (Sedimente: Sand, Steine, pflanzliche und tierische Überreste) wurden gefaltet. So wurde der Ozean immer flacher und einige Gesteinsfalten ragen sogar über den Meeresspiegel hinaus.

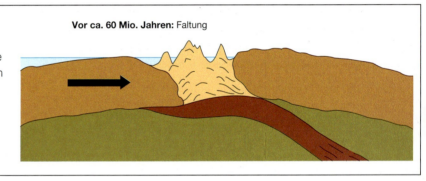

M2 Die Platten stoßen aneinander.

Schließlich kam es zur Kollision gleich schwerer, kontinentaler Erdplatten. Das ehemalige Meer hat sich völlig geschlossen. Der Südrand der Eurasischen Platte wurde angehoben. Er bildet heute das Hochland von Tibet. Die Ränder beider Platten und die Ablagerungen (Sedimente) zwischen ihnen wurden gefaltet und zu Gebirgsketten zusammengepresst. Der ehemalige Meeresboden bildet somit heute die Gebirgsketten des Himalaya. Das Gebirge wächst weiter.

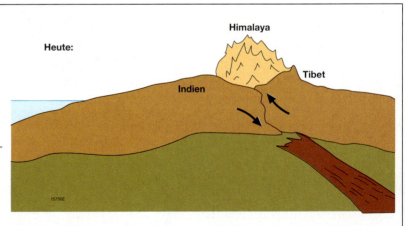

M3 Das Himalaya-Gebirge faltet sich auf.

Das Relief der Erde

Das größte Erdbeben der Geschichte
Am 22. Mai 1960 um 15:11 Uhr Ortszeit erreichte das Beben von Valdivia (Chile) einen Wert von 9,5 auf der Richterskala. Es war das Erdbeben mit der größten jemals aufgezeichneten Stärke. Das Erdbeben löste einen Tsunami aus, der im gesamten Pazifikraum schwere Zerstörungen anrichtete. Dieses Erdbeben stellte den Höhepunkt einer ganzen Reihe von Erdbeben dar, die die südliche Mitte Chiles innerhalb weniger Tage erschütterten. Die Wirkungen des Bebens waren verheerend: Küstenabschnitte versanken im Meer, Erdrutsche verwüsteten die Landschaft, Städte wurden zerstört. Besonders betroffen war Valdivia (M4).

INFO

Die Richterskala
Die Erdbebenstärke wird mit einer erdachten Energieskala gemessen. Die Richterskala wurde nach ihrem Erfinder, Charles Richter, benannt. Sie ist „nach oben hin offen", denn niemand kann voraussagen, wie stark Erdbeben wirklich sein können. Je mehr Energie bei einem Erdbeben freigesetzt wird, desto höher ist die Erdbebenstärke. Der geringste Wert sind 0,1 Punkte (sehr schwaches Beben). Jeder Punkt vor dem Komma entspricht einer zehnfachen Steigerung. Ein Beben mit der Stärke 7,0 ist demnach 10-mal stärker als eines der Stärke 6,0.

Die Anden und der Atacamagraben

Die Südamerikanische Platte bewegt sich wegen der Konvektionsströme im Erdmantel nach Westen. Sie stößt dabei mit der ozeanischen Nazca-Platte zusammen, die sich in die entgegengesetzte Richtung bewegt. Die schwerere ozeanische Platte wird dabei nach unten gedrückt (**Subduktion**) und taucht in den Erdmantel ab.
Mehrere **Tiefseegräben** bilden sich:
- der Atacamagraben vor der Küste Chiles mit einer Tiefe von bis zu 8066 m und
- der Perugraben mit einer Tiefe von bis zu 3262 m vor der Küste Perus.

An der Stelle, wo sich die ozeanische Lithosphäre unter die Südamerikanische Platte schiebt, steigen große Mengen Magma auf und lassen einen sehr intensiven Vulkanismus entstehen. Zu den bekanntesten Vulkanen zählen:
- der Aconcagua in Chile (6960 m) und
- der Chimborazo in Ecuador (6310 m).

Im Zuge des Aufeinandertreffens der Erdplatten wird die Südamerikanische Platte aber auch zusammengestaucht. Es entsteht ein Faltengebirge, die Anden.

AUFGABEN

2 Suche Tiefseegräben und notiere ihre maximale Tiefe (Atlas).

3 Erkläre die Entstehung des Marianengrabens (Atlas).

M4 Auswirkungen des Erdbebens in Valdivia (Chile) 1960

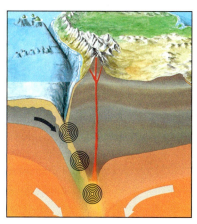

M5 Nazca-Platte und Südamerikanische Platte, Atacamagraben, Anden

Erdbeben und Vulkanismus

Das erste „Erdbebenmessgerät" der Welt stammt aus dem Jahr 132 n. Chr. und wurde von dem Chinesen Cheng Heng entwickelt.

M1 Seismograf früher und heute

Wie werden Erdbeben gemessen?

Der **Seismograf** (griech. „graphein" = schreiben) ist das wichtigste Instrument zur Untersuchung der Erdbeben und zur Erforschung der tiefer liegenden Bereiche des Erdkörpers.
Seismografen registrieren horizontale oder vertikale Bewegungen. Während des Erdbebens bewegen sich der Boden, die Aufhängung der Ruhemasse und das Papier mit dem Seismogramm auf und ab. Die Ruhemasse und die damit verbundene Schreibnadel sind an einer Feder aufgehängt und bleiben wegen ihrer Trägheit am Ort. Das heißt, dass sich nicht die Schreibnadel, sondern das Papier bewegt.
Die auf dem Papier des Seismografen erzeugte Wellenlinie nennt man Seismogramm. Die Ausschläge in einem Seismogramm werden als Amplituden bezeichnet. Die Amplituden geben die Bodenbewegung in Millimetern am Standort des Seismografen an. Mit zunehmender Entfernung vom Hypozentrum nehmen die Bodenbewegungen und damit die Fühlbarkeit und die Schadenswirkung eines Erdbebens ab. Moderne Seismografen bezeichnet man auch als Seismometer (griech. „metron" = Maß). Ihr Messprinzip ist technisch weiterentwickelt und verfeinert worden und die Aufzeichnung der Bodenbewegung erfolgt nun digital.
Um Bewegungen der Lithosphäre in einem größeren Gebiet zu messen, werden Radarsatelliten verwendet. Ähnlich wie bei der Radarkontrolle im Straßenverkehr misst das Radar, wo und wie schnell sich die Abstände zwischen Bruchstellen der Lithosphäre verändern.

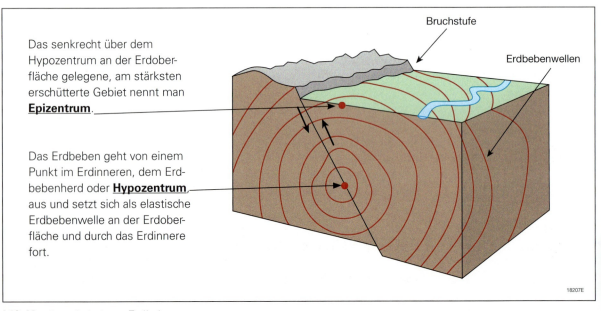

Das senkrecht über dem Hypozentrum an der Erdoberfläche gelegene, am stärksten erschütterte Gebiet nennt man **Epizentrum**.

Das Erdbeben geht von einem Punkt im Erdinneren, dem Erdbebenherd oder **Hypozentrum**, aus und setzt sich als elastische Erdbebenwelle an der Erdoberfläche und durch das Erdinnere fort.

M2 Vorgänge bei einem Erdbeben

Das Relief der Erde

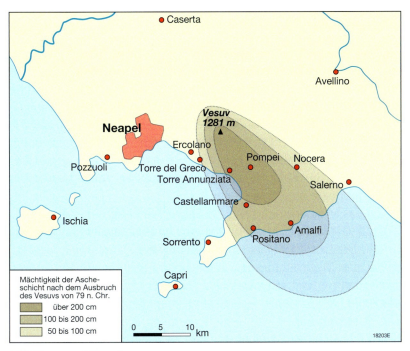

M3 Vesuv und Umgebung

AUFGABEN

1 a) Suche weitere Vulkane in Italien und im Mittelmeergebiet (Atlas).
b) Erkläre die Ursache ihrer Entstehung (Atlas).

2 „Der Vesuv nimmt und gibt." Erläutere, was damit gemeint ist.

M5 Rekonstruiertes Opfer des Vulkanausbruchs von Pompeji

Der Untergang von Pompeji und Herculaneum

Mit seinen grün bewachsenen, sanft geschwungenen Hängen bietet der 1 280 m hohe Vulkanberg einen erhabenen und friedlichen Anblick. Doch der Schein trügt. Der Vesuv ist der gefährlichste Vulkan Europas. Schon in der Antike erlangte er traurige Berühmtheit, als er im Jahr 79 n. Chr. nach einer langen Ruhephase unerwartet und äußerst heftig ausbrach. Die römischen Städte Herculaneum und Pompeji wurden unter einer meterhohen Schicht aus Asche und Lava begraben. Mehr als 2 000 Menschen starben in Schlammlawinen und in den heißen Aschewolken, die sich mit rasender Geschwindigkeit die Hänge hinunterwälzten. Die Stadt wurde von Lava überzogen.
1944 kam es zum letzten Ausbruch des Vesuvs. Seither verhält sich der Berg ruhig.
Ab und zu werden zwar kleinere Beben im Umkreis des Vulkans registriert. Diese deuten nach Ansicht der Wissenschaftler aber auf ein Erkalten des Magmas hin und nicht auf seinen Aufstieg aus der Tiefe. Was den Experten jedoch Sorgen macht, ist die überdurchschnittlich lange Ruhezeit, die seit dem letzten Ausbruch vergangen ist. Während der gesamten Zeitspanne von 1638 bis 1944 dauerten die Ruhepausen zwischen den einzelnen Ausbrüchen nie länger als sieben Jahre. Doch jetzt ist der Vesuv schon mehr als 50 Jahre ruhig geblieben – und je länger dieser Schlaf dauert, desto schlimmer könnte das Erwachen sein.
(Nach: A. Kugler, A. Suter und C. A. Trochsler: Europa. Menschen, Wirtschaft, Natur. Zürich 2004)

M4 Ausbruch des Vesuv

Gewalt und Schönheit feuerspeiender Berge ziehen die Menschen magisch an. Aber es sind in der Regel andere Gründe, weshalb sie in der Umgebung von Vulkanen siedeln:
- Die Lava fördert große Mengen von Mineralien an die Erdoberfläche. Diese sorgen für fruchtbaren Ackerboden.
- In vulkanischen Gebieten findet man viele Bodenschätze, z. B. Uran, Kupfer, Schwefel und Gold.

M6 Leben am Vulkan

Vulkantypen

AUFGABEN

1 Stelle die Unterschiede zwischen Schicht- und Schildvulkan tabellarisch dar.

2 Suche im Atlas weitere Beispiele von Hotspot-Vulkanen.

Schichtvulkane (Stratovulkane)

Fujisan, Vesuv und Kilimandscharo sind bekannte Beispiele für den Typ der **Schichtvulkane** oder **Stratovulkane**. Sie bestehen aus abwechselnden Schichten von Lava und vulkanischen Lockerprodukten.

Typisch für Stratovulkane ist dabei eine kegelförmige Gestalt. Sie entsteht dadurch, dass bei den einzelnen Ausbrüchen jeweils unterschiedliche Materialien ausgeworfen werden.

Dabei spielt die Beschaffenheit des Magmas als Ausgangsstoff der Förderprodukte eine große Rolle:

- Hat das Magma einen relativ geringen Kieselsäure- und Gasanteil, dann zeigen die Schichtvulkane eine effusive (ausfließende) Tätigkeit. Die Lava fließt langsam aus dem Krater.
- Hat das Magma hingegen einen hohen Säureanteil und ist gasreich, dann erfolgt ein explosiver Ausbruch. In solchen Fällen zerplatzt die Lava in Asche, Gesteinsbrocken, Rauch und Staub.

Die Stratovulkane besitzen einen zentralen Schlot, an dessen oberem Ende sich der Hauptkrater befindet. Überschreitet der Vulkankegel allerdings eine gewisse Höhe, kann das aus einer tiefer liegenden Magmakammern aufsteigende Material den Schlot nicht mehr bis zum Hauptkrater hochsteigen. In solchen Fällen sucht sich das Magma dann seitlich einen anderen Weg, und es entstehen kleinere Nebenkrater und Spalten.

M1 Der Fujisan – ein Beispiel für einen Schichtvulkan

INFO 1
Pyroklastische Ströme

Zu den gefürchtetsten Erscheinungen explosiver Vulkanausbrüche gehören die pyroklastischen Ströme. Es sind heiße Wolken aus Gasen, Gesteinstrümmern und Aschen. Sie bewegen sich mit Geschwindigkeiten von über 100 km/h ins Tal und können Temperaturen von 300 bis 800°C erreichen.

Besonders verheerend wirkte sich eine solche Glutwolke am 8. Mai 1902 auf der Karibikinsel Martinique aus. Um 7.50 Uhr brach der Mont Pelee aus. Mit einer Geschwindigkeit von 150 km/h jagte ein gewaltiger pyroklastischer Strom die Hänge des Vulkans hinab ins Tal. Alle 30 000 Bewohner der Stadt St. Pierre kamen innerhalb kürzester Zeit in der Glutwolke ums Leben.

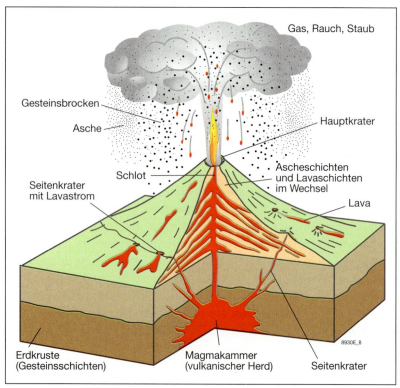

M2 Aufbau eines Schichtvulkanes

Das Relief der Erde

Schildvulkane

Schildvulkane bilden sich meist vom Tiefseeboden aus. Deshalb kommen sie auch vorwiegend in ozeanischen Gebieten vor. Nur wenige von ihnen wachsen – zum Beispiel auf Hawaii – über das Meeresspiegelniveau hinaus. Dann zählen sie allerdings wie der Mauna Loa mit einer Gesamthöhe von über 9 000 m (davon 4 169 m an der Oberfläche) zu den höchsten Bergen der Erde.
Der Name Schildvulkan leitet sich dabei aus dem äußeren Erscheinungsbild ab. Schildvulkane sind nicht steil, sondern nur flach gewölbt.
Auch dieser Vulkantyp besitzt einen zentralen Schlot. Die Lava ist jedoch im Unterschied zum Schichtvulkan mit ca. 1 150 °C sehr heiß und zusätzlich relativ gasarm und wenig sauer. Dadurch ist sie sehr dünnflüssig.
Dies alles führt dazu, dass es bei Schildvulkanen zu keinen explosiven Ausbrüchen kommt, sondern die Lava als Fördermaterial ausschließlich effusiv (fließend) austritt. Sie kann sich dann aufgrund ihrer oben beschriebenen Eigenschaften mit Geschwindigkeiten von bis zu 50 km/h zügig vom zentralen Förderkanal entfernen. Dadurch legt sie bis zum Abkühlen relativ große Entfernungen zurück – der Vulkan wächst also stark in die Breite. Mit jedem neuen Ausbruch lagern sich dann immer mehr Lavaschichten von unterschiedlicher Mächtigkeit und Flächenausdehnung übereinander.

INFO 2

Hot Spot

Innerhalb von Platten kann ein Hot Spot („heißer Fleck") zu vulkanischen Aktivitäten führen. Hierbei handelt es sich um einen ortsfesten oder gering bewegten Aufschmelzungsbereich im oberen Erdmantel, von dem heißes, geschmolzenes Gestein schlotartig durch die Lithosphäre hochsteigt und dort aktive Vulkane anwachsen lässt.
Da der Hot Spot im Erdmantel ortsfest ist und sich die darüber liegende Lithosphärenplatte bewegt, verlieren ältere Vulkane irgendwann ihre Verbindung zur Magmaquelle des Hot Spots, der nun neue Vulkane zu bilden beginnt.
Bekanntestes Beispiel für einen Hot Spot sind die Hawaii-Inseln, die sich perlenschnurartig im Pazifik aufreihen.

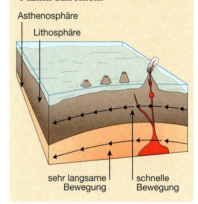

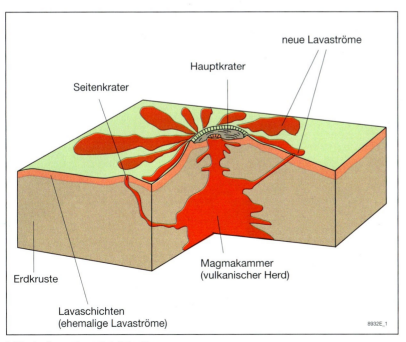

M3 Aufbau eines Schildvulkanes

M4 Der Mauna-Loa – ein Beispiel für einen Schildvulkan

Gewusst wie
Ein Vulkanmodell bauen

So gehen wir vor:

Arbeitsmittel:

1 Styroporplatte 50 x 100 cm (Stärke 2 cm) als Grundplatte,

3 Styroporplatten 50 x 100 cm (Stärke 5 cm) zum Bau des Vulkans,

Styroporkleber, 1 Styroporschneider, 1 Federmesser,

1 Formsäge, 2 kg Gips, Filzstifte,

Eimer, Wasser, Zollstock, Papier, dünne Holzspieße,

Farben (z. B. Deckfarben oder Vollton- bzw. Abtönfarben), verschiedene Pinsel

1. Arbeitsschritt: Bearbeiten des Styropors

- Aus den 5 cm dicken Styroporplatten (50 x 100 cm) werden folgende Stücke geschnitten: 2 Platten 50 x 70 cm, 1 Platte 40 x 60 cm, 2 Platten 30 x 50 cm, 1 Platte 20 x 30 cm, 1 Platte 10 x 10 cm.

- Diese Stücke werden Schicht auf Schicht treppenförmig zu einem „Berg" aufgebaut, aber noch nicht verklebt. Dabei liegen die beiden größten Stücke von 50 x 70 cm unten übereinander, darüber jeweils das nächstkleinere Stück. Ganz oben liegt die 10 x 10 cm große Platte. Dann wird jede Platte des Berges halbiert, damit wir später in den Vulkan hineinsehen können. Der Vulkan besteht also aus zwei Hälften.

- Jede Hälfte wird Schicht für Schicht verklebt. Eine Vulkanhälfte wird zum Schluss auf die Grundplatte geklebt, die andere Hälfte nicht. Sie wird neben die aufgeklebte Hälfte gestellt.

M1 Aus Styropor entsteht die rohe Form.

M2 Mit Gips formen wir die Oberfläche.

126

Gewusst wie
Das Relief der Erde

M3 Mit Farben malen wir das Modell an.

M4 Das fertige Modell wird beschriftet.

**2. Arbeitsschritt:
Die Oberfläche wird geformt**

- Beide Hälften sind zusammengeschoben. Mit einem Federmesser schneiden wir alle treppenförmigen Kanten etwas ab, damit wir beim Gipsen nicht so viel Material verbrauchen.

- In einem Eimer rühren wir 2 kg Gips mit etwa 1,5 l Wasser an. Mit dem Gipsbrei formen wir die Oberfläche unseres Vulkanberges. Damit die beiden Hälften durch den Gips nicht zusammenkleben, stecken wir Papier dazwischen.

**3. Arbeitsschritt:
Anmalen des Modells**

- Nach dem Trocknen der Gipsschicht (Fingerprobe) wird das Vulkanmodell außen und innen bemalt, zum Beispiel in roten Farben die Lava und in rotgelben das Magma. Grüne Farbtöne brauchen wir für Wald, Wiesen und Obstbäume bzw. Wein, braun für Ackerbau, grau für die Ascheschichten, schwarz für Konturen usw. (M6 auf Seite 15 hilft euch bei der Farbwahl.)

**4. Arbeitsschritt:
Beschriften des Vulkanmodells**

- Aus Papier und Holzspießen stellen wir Fähnchen her. Sie werden anschließend beschriftet und an die richtigen Stellen gesteckt (wichtige Begriffe siehe M6 Seite 15). Im Inneren des Vulkans können die Begriffe auch aufgeklebt werden, damit der Vulkan wieder zusammengefügt werden kann.

- Zusätzlich können wir aus Holzresten kleine Häuser bauen, Straßen zeichnen, Hochspannungsleitungen legen …
Eure Fantasie ist gefragt!

Gewusst wo

Nordamerika

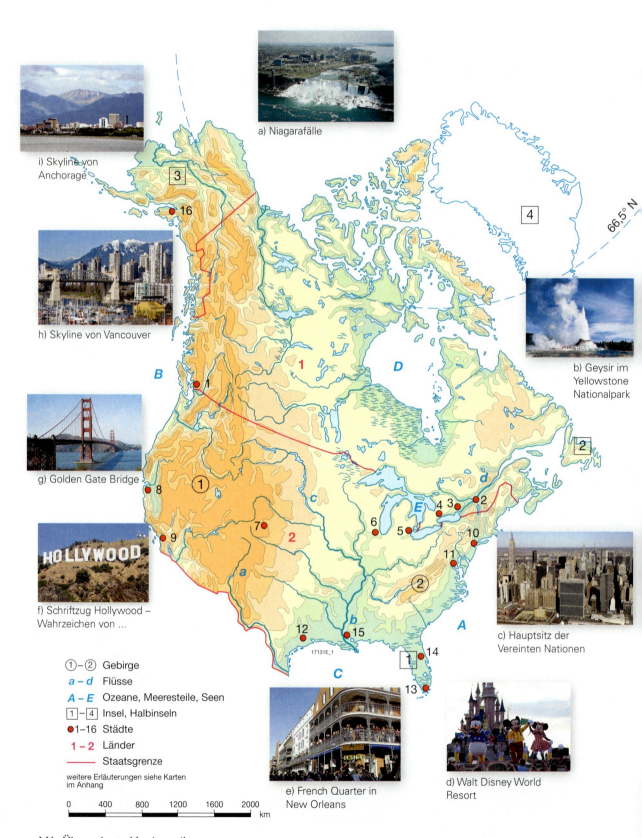

M1 Übungskarte Nordamerika
Bearbeite M1. In welchen Ländern/Regionen wurden die Fotos a) bis i) aufgenommen (Atlas, Internet)?

Mittel- und Südamerika

M2 Übungskarte Mittel- und Südamerika
Bearbeite M2. In welchen Ländern/Regionen wurden die Fotos a) bis h) aufgenommen (Atlas, Internet)?

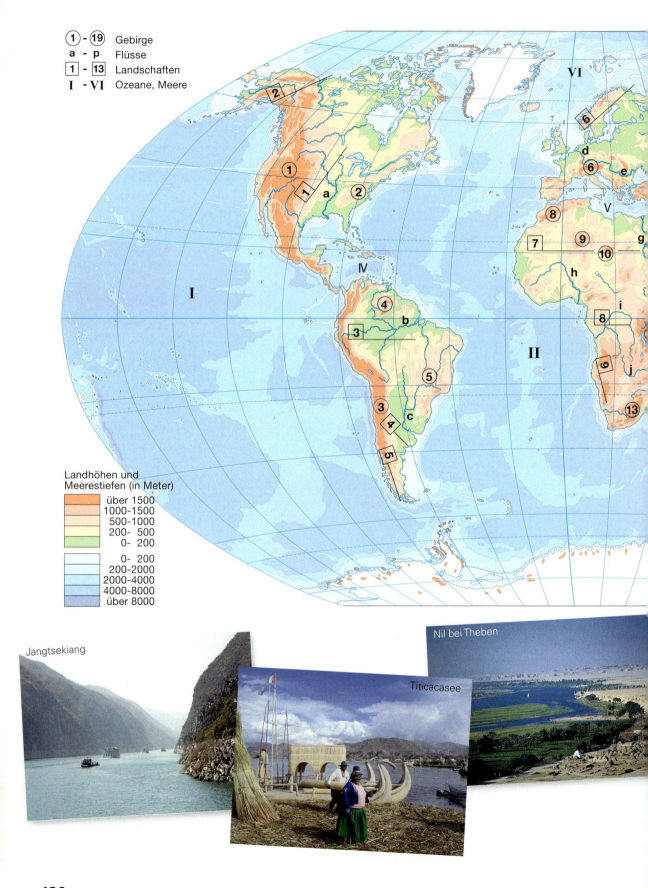

Das Relief der Erde

M1 Physische Karte der Erde

AUFGABEN

1 Nenne die Namen der beiden Hochgebirge, die sich in Nord-Süd-Richtung an der Westküste von Nord- und Südamerika erstrecken (Atlas).

2 Ermittle den Namen des Hochgebirges, in dem sich der höchste Berg der Erde, der Mount Everest, befindet (Atlas).

3 Beschreibe die Verlaufsrichtung der Alpen.

4 Suche folgende Flüsse im Atlas und verorte sie anschließend in ihrem Verlauf an der Wandkarte (Nil, Amazonas, Mississippi, Jangtsekiang).

5 Zeichne mithilfe der Atlaskarte S. 182) eine Faustskizze von Australien und kennzeichne darin Hochgebirge, Bergländer, Tiefländer und einige Flüsse mit Farben.

6 Suche im Atlas auf jedem Kontinent ein Hochgebirge, ein Bergland, ein Tiefland und den größten Fluss des Kontinents und notiere deine Ergebnisse.

7 Ermittle die Namen in der Karte M1 mithilfe des Atlas.

INFO 1
Verorten/Verortung

Unter diesem Begriff versteht man das Zeigen und die genaue (Lage-)Beschreibung eines topografischen Sachverhalts (z. B. Berg, Fluss, Stadt) auf einer Karte (z. B. Wandkarte, Atlaskarte, Satellitenbild usw.).

INFO 2
Relief

Der Begriff (auch Gelände oder Terrain genannt) bezeichnet die Erdoberfläche in ihren Formen mit Höhen und Tiefen.
Ein Relief lässt sich in folgende Höheneinheiten über Normalnull gliedern:
Hochgebirge: >1500 m ü. NN
Bergland: 500–1000 m ü. NN
Tiefland: 0–200 m ü. NN

Mount Everest

131

Gewusst...
Das Relief der Erde und seine Entstehung

1. Vulkantypen

Erläutere den Unterschied zwischen einem Schicht- und einem Schildvulkan. Welchen Vulkantyp zeigt die Abbildung? In der Abbildung sind Begriffe durch Zahlen ersetzt. Notiere die entsprechenden Begriffe.

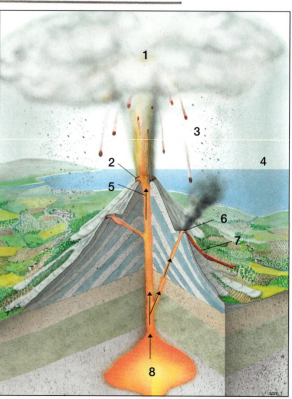

2. Welcher Begriff passt nicht in die Begriffskette? Begründe.

a) Kern – Mantel – Kruste – Gestein
b) Erdkern – Erdplatten – Lithosphäre – Asthenosphäre
c) Faltengebirge – Plattengrenze – Mittelozeanischer Rücken – Subduktion

3. Vulkanisches Rätsel

Die fünf Kreise nennen ein Auswurfprodukt des Vulkans.

1. Im Magma enthalten, fehlt in der Lava.
2. Äußere Form der meisten Vulkane.
3. Verbindung zwischen Magmaherd und Krater (Mehrzahl).
4. Ausflussmassen aus dem Vulkankrater.
5. Krater am Hang des Vulkans.
6. Vulkane, die aus Asche- und Lavaschichten aufgebaut sind.

... gekonnt

Schreibe den Text ab und ergänze dabei die fehlenden Begriffe.

Die Erde ist in mehrere ... gegliedert. Die äußere „dünne Haut" der Erde besteht aus ... und wird ... genannt. Nach innen schließt sich der ... an. Seine oberste Schicht besteht auch aus ... Die Gesteinshülle der Erde besteht aus mehreren einzelnen ... Diese treiben auf einer zähflüssigen Gesteinsschmelze, dem ... Der ... ist noch weitgehend unerforscht.

Ein bekannter Forscher

Welche grundlegenden Erkenntnisse über die Entstehung der Kontinente verbindest du mit diesem Mann?

Plattentektonik

a) Was zeigen die beiden Abbildungen?
b) Erkläre beide Vorgänge.

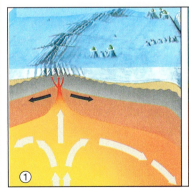
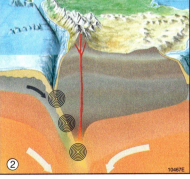

Was habe ich gelernt?

1. Ich kann den Schalenbau der Erde beschreiben.
2. Ich kann die Kontinentaldrift nach Alfred Wegeners Theorie erklären.
3. Ich kann die ozeanische und kontinentale Kruste in Bezug auf deren Mächtigkeit und Zusammensetzung unterscheiden.
4. Ich kann den Begriff „zirkumpazifischer Feuerring" erkären.
5. Ich kenne die Unterschiede zwischen Divergenz, Konvergenz und Transformation an Plattenrändern.
6. Ich kann den Vorgang des Seafloor Spreadings erklären.
7. Ich kann die Entstehung eines Faltengebirges beschreiben.
8. Ich weiß wie Erdbeben gemessen werden und welche Gefahren sie mit sich bringen.
9. Ich kann erläutern, warum Menschen immer noch in der Nähe von Vulkanen leben.
10. Ich kann die Unterschiede im Aufbau und der Entstehung von Strato- und Schildvulkanen erläutern.
11. Ich kann ein Vulkanmodell bauen.
12. Ich kann die Lagebeziehungen von Hochgebirgen, Bergländern und Tiefländern zueinander beschreiben und in eine passende Karte einzeichnen.

Minilexikon

Agroforstwirtschaft (Seite 41)
Eine Form der nachhaltigen Nutzung in der Landwirtschaft im → tropischen Regenwald, d. h. eine Nutzung, die die Natur nicht langfristig zerstört. Es werden Feldfrüchte unter Bäumen angebaut. Die Bäume dienen als Schattenspender und verhindern → Bodenerosion.

Asthenosphäre (Seite 116)
Zone im oberen → Erdmantel unterhalb der → Lithosphäre. Die Asthenosphäre liegt in einer Tiefe von 100 bis 300 km. Auf ihr gleiten die großen → Erdplatten.

Binnenwüste (Seite 80)
→ Wüste im Inneren eines Kontinents. Die Wüstenbildung erfolgt aufgrund der Niederschlagsarmut, die durch die große Meeresferne bzw. abschirmende Gebirgszüge erfolgt.

Bodenerosion (Seiten 40, 61)
Abtragung des Bodens, besonders durch Wasser und Wind; führt zur Verminderung der Bodenfruchtbarkeit und zur Zerstörung der Bodendecke.

Brandrodung (Seite 40)
Anlegen von Feldern im → tropischen Regenwald, wobei die Vegetation durch Abbrennen gerodet wird. Die Asche dient als natürlicher Dünger. Nach wenigen Anbaujahren ist der Boden ausgelaugt und es muss eine neue Fläche brandgerodet werden. Die Menschen ziehen weiter (→ Wanderfeldbau). Auf der verlassenen Fläche wächst langsam ein neuer Wald nach.

Cash Crops (Seite 59)
Mit diesem Begriff werden landwirtschaftliche Produkte bezeichnet, die für den → Export angebaut werden.

Dauerfeldbau (Seiten 40, 61)
Ganzjähriger Feldbau, z. B. in den Tropen (→ Klimazone). Es wird versucht, die besonderen klimatischen Bedingungen zu berücksichtigen.

Dauerfrostboden (Seite 99)
Ein Boden, der ständig gefroren ist, oft bis in mehrere hundert Meter Tiefe. Im Sommer taut nur die oberste Bodenschicht auf; diese ist dann sehr schlammig. Dauerfrostböden findet man vorwiegend in polaren Gebieten und Hochgebirgsregionen. Er ist der typische Boden der → Tundra.

Desertifikation (Seite 61)
Die Ausbreitung der Wüste in → Trockenräumen durch menschliche Eingriffe, z. B. Umwandlung der → Savanne in Wüste durch Überweidung oder Grundwasserabsenkung.

divergierende Plattengrenze (Seite 117)
An divergierenden Plattengrenzen bewegen sich die → Erdplatten voneinander weg, sie driften auseinander. (→ Plattentektonik)

Dornstrauchsavanne (Seite 52)
→ Savanne

Dürre (Seite 68)
Zeitraum lang anhaltender Trockenheit. Weil das Wasser fehlt, gibt es keine oder geringe Ernteerträge. Das Vieh der Bauern verendet. Oft kommt es zu Hungerkatastrophen.

Energieträger (Seite 102)
(Roh-)Stoff, der Energie in sich speichert, z. B. Kohle, Erdöl, Erdgas. Durch Verbrennen wird Wärme erzeugt, mit deren Hilfe man Strom gewinnen, heizen oder Auto fahren kann.

Entwicklungsland (Seite 70)
Land, das im Vergleich zu einem Industrieland weniger entwickelt ist. Entwicklungsländer werden auch „Dritte Welt" genannt. Sie weisen typische Merkmale auf, z. B. ein hohes Bevölkerungswachstum, viele Analphabeten unter den Menschen und Elendssiedlungen am Rand der großen Städte.

Entwicklungszusammenarbeit (Seite 68)
Maßnahmen zur Unterstützung des wirtschaftlichen Wachstums und der Verbesserung der Situation der Menschen in den → Entwicklungsländern. Dieser Begriff wird heute in der deutschen Entwicklungspolitik anstelle von „Entwicklungshilfe" benutzt.

Erdbeben (Seite 116)
Erschütterung der Erdoberfläche, die durch Kräfte im Erdinneren verursacht wird. Erdbeben entstehen meist durch die ruckartige Verschiebung der → Erdplatten.

Erdkern (Seite 114)
Innerer Teil des Erdkörpers. Er beginnt ab 2 900 km Tiefe und reicht bis zum Erdmittelpunkt in 6 370 km Tiefe. Man unterscheidet zwischen einem äußeren (wahrscheinlich flüssigen) und einem inneren (wahrscheinlich festen) Kern.

Erdkruste (Seite 114)
Das Erdinnere ist aus mehreren Schalen aufgebaut. Die Erdkruste ist die äußerste Schale. Man unterscheidet die bis zu 50 km dicke kontinentale Kruste und die bis zu 15 km dicke ozeanische Kruste.

Erdmantel (Seite 114)
Zwischen → Erdkruste und → Erdkern gelegene Schale des Erdkörpers. Es wird zwischen einem oberen und einem unteren Erdmantel unterschieden. Die Grenze liegt bei 700 km Tiefe.

Erdplatte (Seite 116)
Die → Lithosphäre besteht aus mehreren Teilen, die sich auf der darunterliegenden → Asthenosphäre bewegen. (→ Plattentektonik)

Erdrevolution (Seite 10)
Die Erde umkreist innerhalb eines Jahres die Sonne. Diese Bewegung wird Erdrevolution genannt.

Erdrotation (Seiten 10, 52)
Innerhalb von 24 Stunden dreht sich die Erde einmal um ihre eigene Achse. Diese Drehbewegung nennen wir Erdrotation.

Export (Seite 101)
Die Ausfuhr von Waren in ein anderes Land. (Die Einfuhr von Waren aus einem anderen Land heißt Import.)

Faltengebirge (Seite 120)
Durch Auffaltung infolge erdinnerer Kräfte entstandenes Gebirge.

Feuchtsavanne (Seite 52)
→ Savanne

Galaxie (Seite 8)
(Sternenhaufen) Anhäufung von Sternen im → Weltall. Es gibt etwa 100 Milliarden Galaxien, eine davon ist unsere Milchstraße, auch Galaxis genannt.

Golfstrom (Seite 96)
Der Golfstrom ist eine warme Meeresströmung. Er kommt aus dem Golf von Mexiko, durchzieht den Atlantik in nordöstlicher Richtung und trifft auf die Küsten in West- und Nordeuropa. Hier sorgt er vor allem im Winter für milde Temperaturen.

Hackbau (Seite 67)
Eine sehr alte Form der Bodenbearbeitung, die besonders im → tropischen Regenwald verbreitet ist. Mit der Hacke wird bei jeder Pflanze der Boden gelockert, um ein optimales Wachstum zu erreichen.

Hochdruckgebiet (Seite 31)
Luftmasse, in der hoher Luftdruck herrscht (meist über 1000 mbar). Im Inneren eines Hochdruckgebiets herrschen schwache Winde. Die Luft sinkt ab und Wolken lösen sich auf. (→ Tiefdruckgebiet)

innertropische Zirkulation (Passatkreislauf) (Seiten 31, 52)
In einer Tiefdruckrinne wehen von zwei Seiten die → Passatwinde zusammen. Diese Zone heißt innertropische Konvergenz oder ITC. Die ITC wandert im Jahresverlauf mit dem Sonnenhöchststand zwischen nördlichem und südlichem Wendekreis. Kennzeichen sind starke Wolkenbildung und kräftige Niederschläge.

Klima (Seite 16)
Das Zusammenwirken von Temperatur, Niederschlag, Bewölkung, Wind und Luftdruck, gemessen und gemittelt über einen Zeitraum von mindestens 30 Jahren. Die langjährigen Durchschnittswerte der Temperaturen und Niederschläge werden im → Klimadiagramm dargestellt. (→ Wetter)

Klimazone (Seiten 16, 98)
Eine sich gürtelartig um die Erde ziehende Zone, in der ein bestimmtes → Klima herrscht. Die verschiedenen Klimazonen sind im Wesentlichen durch die unterschiedlichen Einstrahlungswinkel der Sonne auf der Erde bedingt. Die Klimazonen heißen Polare Zone, Subpolare Zone, Mittelbreiten (gemäßigte Zone), Subtropen und Tropen (siehe auch hinterer Buchumschlag).

Kontinentaldrift (Seite 115)
(auch Kontinentalverschiebung) Das von Alfred Wegener angenommene langsame Driften der Kontinente. Später erkannte man, dass sich nicht die Kontinente, sondern → Erdplatten bewegen. (→ Plattentektonik)

Kontinentalklima (Seite 96)
Klima mit großen Temperaturschwankungen während des Jahres und vergleichsweise geringen Niederschlägen; typisch für Räume im Inneren der Kontinente. (→ Seeklima)

Konvektionsstrom (Seite 116)
Auf- und absteigende Magmaströmung in der → Asthenosphäre im oberen Erdmantel, die zu Bewegungen der → Erdplatten und damit z. B. auch zur Gebirgsbildung führt.

Minilexikon

konvergierende Plattengrenze (Seite 117)
An konvergierenden Plattengrenzen bewegen sich die → Erdplatten aufeinander zu, stoßen zusammen und eine Platte taucht unter der anderen in den zähflüssigen → Erdmantel ein. (→ Plattentektonik)

Küstenwüste (Seite 80)
Küstenwüsten liegen meist an den Westküsten der Kontinente im Bereich der → Wendekreise. Sie sind eine Sonderform der → Wendekreiswüsten.

Lava (Seite 114)
→ Magma

Landwechselwirtschaft (Seite 40)
Bei dieser Form des Feldbaus rotiert die Fruchtfolge auf den Feldern, d. h. die angebauten Nutzpflanzen wechseln in festen Abständen. So bleibt die Bodenfruchtbarkeit länger erhalten und ermöglicht den Menschen eine langjährige Sesshaftigkeit.

Lichtjahr (Seite 8)
Ein Lichtjahr ist die Strecke, die das Licht in einem Jahr zurücklegt. Es bewegt sich mit einer Geschwindigkeit von 300 000 km in der Sekunde.

Lithosphäre (Seite 114)
Anderer Name für die Gesteinshülle der Erde. Zur Lithosphäre gehören die → Erdkruste und die obere, feste Schicht des → Erdmantels. Die Lithosphäre besteht aus verschiedenen → Erdplatten, die sich auf der → Asthenosphäre bewegen.

Magma (Seite 114)
Gashaltiger, glutflüssiger Gesteinsbrei im Erdinneren. Sobald er an die Erdoberfläche tritt, nennt man ihn Lava.

maritimes Klima (Seite 96)
→ Seeklima

menschlicher Entwicklungsindex (HDI) (Seite 33)
Methode, nach der die Vereinten Nationen (UN) seit Beginn der 1990er-Jahre den Entwicklungsstand der Länder berechnen. Dabei werden die Lebenserwartung, der Anteil der Analphabeten, die durchschnittliche Dauer des Schulbesuchs und Reichtum/Armut der Bevölkerung berücksichtigt. Ergebnis ist eine Rangfolge aller Länder der Erde.

Mischkultur (Seite 59)
Anbau unterschiedlicher Kulturpflanzen auf dem gleichen Feld. Besonders im → tropischen Regenwald wird damit versucht, den Boden weniger zu beanspruchen. (→ Monokultur)

Monokultur (Seite 42)
Langjährig einseitige Nutzung einer bestimmten Fläche durch eine Kulturpflanze (z. B. Kakao, Bananen). Monokulturen bestimmen den Anbau auf → Plantagen. (→ Mischkultur)

Nährstoffkreislauf (Seite 27)
Aufnahme der Bodennährstoffe durch Pflanzen und deren Rückführung in den Boden durch runtergefallene, abgestorbene Pflanzenteile.

Oase (Seite 82)
Eine vom Menschen genutzte Fläche in der → Wüste. Durch vorhandenes Grund- oder Flusswasser ist der Anbau von Nutzpflanzen (z. B. Obst, Gemüse, Getreide) möglich.

Pangäa (Seite 115)
Urkontinent im ausgehenden Erdaltertum und frühem Erdmittelalter (ca. 300–160 Millionen Jahre vor heute), der als Riesenkontinent im Wesentlichen alle heute existierenden Kontinente vereinte.

Passatkreislauf (Seiten 31, 52)
→ innertropische Zirkulation

Passatwind (Seite 31)
großräumige Windströmung in den Tropen (→ Klimazone), die durch das Luftdruckgefälle von den subtropischen Hochdruckgürteln zur ITC (→ innertropische Zirkulation) entsteht. Für die Tropenzone im Norden ist der Nordost-Passat typisch, für die Tropenzone im Süden der Südost-Passat.

Planet (Seite 9)
Bezeichnung für einen Himmelskörper, der sich auf einer Umlaufbahn um die Sonne bewegt. Er leuchtet nicht selbst, sondern nur im Licht der Sonne. Unsere Sonne hat acht Planeten; einer davon ist die Erde.

Plantage (Seite 42)
Landwirtschaftlicher Großbetrieb mit Verarbeitungsanlagen und dem Anbau von → Monokulturen für den Weltmarkt.

Plattentektonik (Seite 116)
Lehre über den Aufbau der
→ Lithosphäre. Die Lithosphäre ist
in einzelne → Erdplatten zerbrochen, die sich auf dem zähflüssigen
Teil des → Erdmantels, der → Asthenosphäre, bewegen. An den
Plattengrenzen kommt es häufig zu
→ Erdbeben und → Vulkanismus.

Polarkreis (Seite 12)
Breitenkreis auf 66 ½° N und S.

Polarnacht (Seite 14)
Die Zeit in der polaren Zone
(→ Klimazone) jenseits des
→ Polarkreises, in der die Sonne
Tag und Nacht unter dem Horizont
bleibt; das heißt, es bleibt dunkel.
An den Polen dauert die Polarnacht
etwa ein halbes Jahr, an den Polarkreisen einen Tag.

Polartag (Seite 14)
Die Zeit in der polaren Zone
(→ Klimazone) jenseits des
→ Polarkreises, in der die Sonne
Tag und Nacht über dem Horizont
bleibt; das heißt, es bleibt hell.
An den Polen dauert der Polartag
etwa ein halbes Jahr, an den Polarkreisen einen Tag.

Regenzeit (Seite 54)
In den → Savannen Zeitraum
mit besonders ergiebigen Niederschlägen (Gegensatz: → Trockenzeit). Hier wird das Jahr in Regenzeit und Trockenzeit eingeteilt.

Sahel (Seite 60)
(oder Sahelzone). Der Sahel ist ein
Gebiet am südlichen Rand der
→ Wüste Sahara, in dem während
einer kurzen Regenzeit nur geringe
Niederschläge fallen. Die Niederschlagsmengen pro Jahr schwanken
stark. In manchen Jahren bleiben
die Niederschläge sogar fast ganz
aus.

Savanne (Seite 52)
Zone zwischen der → Wüste und
dem → tropischen Regenwald. Die
Niederschläge nehmen von der
Wüste zum tropischen Regenwald
hin zu. Je nach Menge der Niederschläge ändert sich die Vegetation:
In der Dornstrauchsavanne wachsen trockenheitsliebende Pflanzen;
in der Trockensavanne gedeihen bis
zu 1,50 m hohe Gräser, Sträucher
und einzelne Bäume; in der Feuchtsavanne wachsen bis zu 2 m hohe
Gräser sowie Wälder, die in der
Regenzeit ihr Laub abwerfen. Die
Dornstrauchsavanne ist der Lebensraum von → Nomaden.

Schichtvulkan (Stratovulkan)
(Seite 124)
Meist kegelförmiger Vulkan mit
steilen Flanken. Er besteht aus
abwechselnden Lava- und Ascheschichten (z. B. Ätna, Fujisan).

Schildvulkan (Seite 125)
So heißt ein Vulkan mit flach gewölbten, weit auslaufenden Flanken. Er entsteht durch Ausströmen
dünnflüssiger Lava (z. B. Mauna Loa
auf Hawaii).

Seeklima (Seite 96)
(auch maritimes Klima genannt).
Es wird durch die Nähe der Ozeane
bestimmt. Kennzeichen sind vergleichsweise geringe Temperaturschwankungen während des
Jahres und höhere Niederschläge als
im Inneren der Kontinente.
(→ Kontinentalklima)

Seismograf (Seite 122)
(auch Seismometer genannt). Hochempfindliches Gerät, das in allen
Erdbebenwarten steht, die über die
ganze Welt verteilt sind. Es nimmt
selbsttätig Erschütterungen in der
→ Lithosphäre wahr und zeichnet
sie als sogenanntes Seismogramm
auf. Der Vergleich und die Auswertung der Aufzeichnungen geben
unter anderem Aufschluss über die
Stärke eines → Erdbebens.

Sonne (Seite 9)
Unter anderem zentrale → Stern
unseres → Sonnensystems, um den
sich die → Planeten auf Umlaufbahnen bewegen.

Sonnensystem (Seite 9)
Eine → Sonne mit ihren → Planeten
und deren → Trabanten bilden ein
Sonnensystem. Unser Sonnensystem umfasst die Sonne sowie acht
→ Planeten und den Zwergplanet
Pluto mit ihren → Trabanten.

Stern (Seite 8)
Ein Stern (auch Sonne genannt)
ist eine glühende Gaskugel, die ihr
Licht in das → Weltall strahlt.

Minilexikon

Stockwerkbau (Seite 26)
Im → tropischen Regenwald wachsen die Pflanzen sehr üppig und bilden je nach Höhe verschiedene Schichten aus, den sogenannten Stockwerkbau: Über der Krautschicht befindet sich die Strauchschicht, darüber die Baumschicht, und darüber hinaus ragen nur noch die Wipfel der Urwaldriesen.

Subduktion (Seite 121)
Absenkung bzw. Eintauchen einer → Erdplatte unter eine andere. Bei einer Subduktionszone handelt es sich um eine → konvergierende Plattengrenze.

Taiga (Seite 101)
In Nordeuropa und Nordasien erstreckt sich eine große zusammenhängende Nadelwaldzone, die in Russland Taiga genannt wird.

thematische Karte (Seite 100)
Dieser Kartentyp behandelt ein spezielles Thema. Nahezu alles, was räumlich verbreitet ist, lässt sich hier darstellen. So gibt es z. B. thematische Karten zur Bevölkerungsdichte, zu Staaten, zur Wirtschaft oder zum Luftverkehr.
Dagegen ist in einer physischen Karte die Grundsituation die Darstellung von Landhöhen in Farbabstufungen von Grün (Tiefland) nach Braun (Gebirge).

Tiefbrunnen (Seite 62)
Weit in die Tiefe reichender Brunnen zur Erschließung von Grundwasser.

Tiefdruckgebiet (Seite 31)
Gebiet mit niedrigem Luftdruck. Tiefs bringen bei uns oft → Niederschläge.
(→ Hochdruckgebiet)

Tiefseegraben (Seite 121)
Langgestreckte, meist rinnenförmige Einsenkung im Meeresboden mit Tiefen bis zu 11 034 m (Witjas-Tief).

Trabant (Seite 9)
(auch Mond genannt). Unser Mond ist ein Trabant (Begleiter) der Erde. Trabanten sind Himmelskörper, die nicht selbst leuchten. Sie bewegen sich auf einer Umlaufbahn um einen → Planeten. Man sieht unseren Mond, weil er durch die → Sonne bestrahlt wird.

Transformstörung (Seite 117)
Hier gleiten zwei → Erdplatten horizontal aneinander vorbei. Dabei können sie sich verhaken und es entstehen Spannungen, die sich schließlich in → Erdbeben entladen. (→ Plattentektonik)

Transsib (Seite 101)
Abkürzung für Transsibirische Eisenbahn. Diese Eisenbahnstrecke ist die Hauptverkehrsachse durch Russland und hat eine Länge von 9 288 km.

Trockenraum (Seite 78)
Raum, in dem weniger als 250 mm Niederschlag pro Jahr fallen. In mindestens elf Monaten des Jahres ist die Verdunstung höher als der Niederschlag (arides Klima). In Trockenräumen befinden sich vielfach → Wüsten.

Trockensavanne (Seite 52)
→ Savanne

Trockenzeit (Seite 54)
In den → Savannen der Zeitraum, in dem fast keine Niederschläge fallen (Gegensatz: → Regenzeit). Hier wird das Jahr in Trockenzeit und Regenzeit und eingeteilt.

tropischer Regenwald (Seite 25)
Immergrüner Wald in den Tropen (→ Klimazone) am Äquator, der durch einen deutlichen → Stockwerkbau gekennzeichnet ist.

Tundra (Seite 94)
Baumlose Region, deren Vegetation (Pflanzenwelt) aus Flechten, Moosen und Gräsern besteht und die durch → Dauerfrostboden gekennzeichnet ist. Die Tundra schließt sich nördlich an die Nadelwaldzone (→ Taiga) an.

Vegetationsperiode (Seite 99)
(auch Wachstumszeit genannt) Zeitspanne, in der die Pflanzen wachsen können. Sie hängt vorwiegend von der Temperatur und den Niederschlägen ab.

Vegetationszone (Seiten 78, 98)
Eine sich gürtelartig um die Erde ziehende Zone mit charakteristischem Pflanzenbewuchs. Die Vegetationszonen entsprechen den → Klimazonen (siehe auch hinterer Buchumschlag).

Verwerfung (Seite 119)
Spalte, an der Gesteine der → Lithosphäre gegeneinander verschoben worden sind.

Vulkanismus (Seite 116)
Zusammenfassender Begriff für alle Vorgänge, die mit der an die Erdoberfläche dringenden Gesteinsschmelze (→ Magma) zusammenhängen. Vulkane treten vor allem an den Grenzen der → Erdplatten auf. Es gibt → Schichtvulkane und → Schildvulkane.

Wadi (Seite 79)
Ausgetrocknetes Flusstal in der → Wüste. Bei den seltenen, aber heftigen Regenfällen füllt es sich mit Wasser und wird zu einem reißenden Strom.

Wanderfeldbau (Seiten 40, 61)
Ursprüngliche Anbauform im → tropischen Regenwald, wobei nach einigen Jahren des Anbaus die Felder (und zum Teil auch die Siedlungen) verlegt werden; denn die Nährstoffe im Boden sind aufgebraucht und die Erträge gehen deutlich zurück.

Weltall (Seite 8)
Der gesamte Raum, in dem sich alle für uns fassbaren räumlichen und zeitlichen Vorgänge abspielen.

Wendekreis (Seiten 11, 31, 52)
Name für die Breitenkreise 23 ½° nördlicher und südlicher Breite, an denen die Sonne sich auf ihrer scheinbaren Wanderung nach Süden bzw. Norden wendet.

Wendekreiswüste (Seite 80)
→ Wüste im Bereich der → Wendekreise, bedingt durch absteigende, trockene Luftmassen.

Wetter (Seite 16)
Darunter versteht man das Zusammenwirken von Temperatur, Luftdruck, Wind, Bewölkung und Niederschlag zu einem bestimmten Zeitpunkt an einem bestimmten Ort. (→ Klima)

Wüste (Seite 78)
Gebiet, in dem wegen Wassermangels keine oder nur wenige Pflanzen wachsen. Es fallen nur selten geringe Niederschläge. Nach der Bodenart gibt es Sandwüsten, Kieswüsten und Felswüsten. Nach der Jahresmitteltemperatur unterscheidet man heiße und kalte Wüsten und nach der Lage auf der Erde gibt es Wendekreiswüsten, Küstenwüsten und Binnenwüsten.

Zeitzone (Seite 11)
Eine international festgelegte Zone, in der an allen Orten dieselbe Uhrzeit gilt. Die Zeitzonen folgen teilweise Längengraden. Die Zonenzeiten werden nach der UTC, der koordinierten Weltzeit, angegeben, die in London-Greenwich gilt. So ist die Mitteleuropäische Zeit (MEZ) UTC +1 Stunde, die Mitteleuropäische Sommerzeit UTC +2 Stunden. Im Pazifischen Ozean wurde eine Linie des Datumswechsels festgelegt.

Zenit (Seiten 12, 30, 52)
Gedachter Himmelspunkt, der sich senkrecht über einem Punkt auf der Erde befindet. Zwischen den beiden → Wendekreisen steht die → Sonne zweimal im Jahr im Zenit, d. h. ihre Strahlen treffen senkrecht auf die Erdoberfläche.

Zenitalregen (Seite 31)
Regenfälle in den Tropen (→ Klimazone), die an den Sonnenhöchststand (→ Zenit) gebunden sind.

Aufgabenstellungen – richtig verstehen und lösen

Schwierigkeitsgrade

■ = einfache Aufgabe, ■ ■ = schwierige Aufgabe, ■ ■ ■ = sehr schwierige Aufgabe

analysieren	■ ■	Schwierige Sachverhalte in Teilthemen untergliedern und die Zusammenhänge herausarbeiten und aufzeigen.
auflisten	■	Eine Liste von Sachverhalten oder Gegenständen ohne Erklärung anlegen.
auswerten	■ ■	Die Aussagen von Materialien (Texten, Karten, Bildern) herausfinden und zusammenstellen.
begründen	■ ■	Für einen bestimmten Sachverhalt Argumente finden und aufschreiben.
beschreiben	■	Die Aussagen von Materialien (Texten, Karten, Bildern) mit eigenen Worten wiedergeben.
bestimmen, ermitteln	■	Einen Sachverhalt oder einzelne Begriffe in Texten und Materialien herausfinden.
beurteilen	■ ■ ■	Auf der Grundlage von Fachkenntnissen und der Analyse von Materialien einen Sachverhalt ohne persönliche Bewertung einschätzen.
bewerten	■ ■ ■	Auf der Grundlage von Fachkenntnissen und der Analyse von Materialien einen Sachverhalt einschätzen und eine sachlich begründete eigene Meinung darlegen.
charakterisieren	■ ■	Einen Raum oder einen Sachverhalt auf der Grundlage bestimmter Gesichtspunkte begründet vorstellen.
darstellen	■	Die Aussagen von Materialien (Texten, Karten, Bildern) geordnet als Text oder Schemazeichnung verdeutlichen.
diskutieren	■ ■ ■	Zu einem Sachverhalt Argumente zusammenstellen und daraus eine begründete Bewertung entwickeln.
einordnen	■ ■	Einen Sachverhalt auf der Grundlage einzelner Gesichtspunkte in einen Zusammenhang stellen.

entwickeln	■■■	Vorschläge und Maßnahmen vorstellen, die zu einer weiter-führenden oder anderen Betrachtung eines Sachverhalts beitragen.
erarbeiten	■■	Aus Texten und Bildern Sachverhalte herausfinden, die nicht klar benannt sind, und Zusammenhänge zwischen ihnen herstellen.
		Ursachen und Folgen bestimmter Sachverhalte in einen Zusammenhang bringen und deuten.
		Sachverhalte auf der Grundlage verschiedener Informationen verdeutlichen.
		Einen Sachverhalt unter Abwägen von Pro- und Contra-Argumenten klären und abschließend eine eigene begründete Meinung entwickeln.
interpretieren	■■■	Materialen (Texte, Karten, Bilder) auswerten, Zusammenhänge verdeutlichen, den Sinn erfassen und Schlussfolgerungen ziehen.
lokalisieren	■	Finden eines Raumbeispiels (Stadt, Staat) auf einer Karte und Beschreibung der Lage (z. B. Himmelsrichtung auf einem Kontinent, in der Nähe großer Flüsse oder Gebirge).
		Sachverhalte oder Informationen ohne Erklärung wiedergeben.
		Aussagen auf der Grundlage eigener Kenntnisse oder mithilfe zusätzlicher Materialien auf ihre Angemessenheit und Richtigkeit hin untersuchen.
Stellung nehmen	■■■	Auf der Grundlage von Fachkenntnissen und der Analyse von Materialien einen Sachverhalt einschätzen und eine sachlich begründete eigene Meinung darlegen.
vergleichen	■■	Gemeinsamkeiten und Unterschiede zwischen zwei oder mehreren Sachverhalten oder Räumen erfassen und verdeutlichen.

Hilfreiche Sätze

Das ist eine Karte. **Karten**

Es ist eine physische Karte.
Es ist eine thematische Karte.
Die Kartenüberschrift heißt ... .
Sie zeigt ... (das Saarland/Europa/...).
Das Thema der Karte ist ... (Landwirtschaft/ Fremdenverkehr/...).

Das ist die Legende.

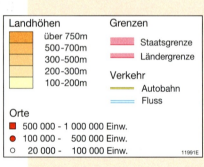

Die Farben Grün, Gelb, Braun zeigen die Landhöhen.
Das Gebiet liegt ... (tief/hoch/...).
Die Landschaft ist ...(flach/hügelig/gebirgig/...).
Die roten und weißen Punkte sind Städte.
Sie liegen ... (verstreut/gebündelt/wie an einer Perlenschnur aufgereiht /...).
Die roten Linien sind Grenzen.
Die blauen Linien sind Flüsse.
(Die Stadt liegt am Rhein.)

Das ist der Maßstab.

Mithilfe der Maßstabsleiste kann man Entfernungen ermitteln. (Die Stadt liegt ... km Luftlinie von Saarbrücken entfernt.)

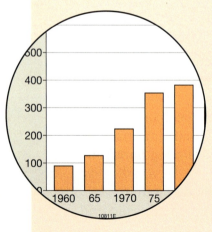

Das ist eine Grafik. **Grafiken**

Es handelt sich um ein ... (Säulendiagramm/...).
Die Überschrift lautet: ... .
Die Säulen zeigen ... (die Kontinente/die Besucherzahlen/...).
Die Länge der Säulen zeigt ... (die Größe der Kontinente/ Höhe der Besucherzahlen/...).
Es ist Folgendes festzustellen: ... (Der größte Kontinent ist ...; das Jahr mit den wenigsten Besuchern ist ...).
Die Entwicklung hat ... (zugenommen/abgenommen/ist etwa gleich geblieben/...).

Anhang

Bilder

Das ist ein Foto.

Es zeigt ... (die Stadt Merzig/die Insel Sylt/das Stahtwerk ...).
Mithilfe der Bildunterschrift kann man feststellen, ...
Das Foto ist ein ... (Schrägluftbild/Senkrechtluftbild/Erdbild).
Das Wichtigste auf dem Foto ist ... .
Das Foto macht deutlich, dass ... .
Im Vordergrund sieht man ... .
In der Bildmitte sieht man ... .   Die Landschaft ist ... .
Im Hintergrund sieht man ... .   Die Menschen sind ... .

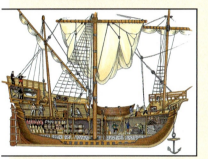

Das ist eine Zeichnung.
Sie zeigt ... .
Mithilfe der Bildunterschrift kann man feststellen, ...
Besonders eindrucksvoll ist ... .

Das ist eine Schemazeichnung.
Sie verdeutlicht ... .

Tabellen

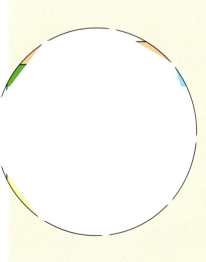

Das ist eine Tabelle.

Der Titel der Tabelle lautet: ... .
Die Tabelle zeigt ... (die Entwicklung der Einwohnerzahlen von Städten im Saarland/...).
Die Zeilen zeigen (einzelne Städte/...).
Die Spalten zeigen (die Einwohnerzahlen der Städte in einem bestimmten Jahr/...).
Es ist festzustellen, dass im Jahr ... die Stadt ... die meisten Einwohner hat.
Es ist festzustellen, dass die Einwohnerzahl der Stadt ... zugenommen/abgenommen/... hat.
Insgesamt ist festzustellen, dass ... .

Bildquellen

akg-images GmbH, Berlin: 133.2; Astrofoto, Sörth: 6/7; BASF Bilddienst, Ludwigshafen: 108 M2 (Pressefoto); Bildagentur Huber, Garmisch-Partenkirchen: 50/51 (R. Schmid), 80 M2 (Fantuz); Bildagentur Schapowalow GmbH, Hamburg: 32.1 (Robert Harding); Blickwinkel, Witten: 25 M3; Brameier, Ulrich, Hamburg: 80 M1; Brot für die Welt Stuttgart: 71 M4a; Burkard, Hans-Jürgen, Hamburg: 40 M2, 46.1, 47.2; Bösch, Stolzenau: 26 M1; Caro Fotoagentur GmbH, Berlin: 86 M2 (Frank Sorge); Colditz, Margit, Halle: 47.4; Corbis, Düsseldorf: 22/23 (Danny/Lehmann), 47.3 (Buddy Mays), 91 M4 (Stephanie Kuykendal), 112/113 (Scigliano), 121 M4 (Bettmann); ddp images GmbH, Hamburg: 68 M2 (AP/Marcus Prior/WFP), 102 M4 (Frank Hormann/dapd); Demmrich, André, Berlin: 46.2, 128 M1a, 129 M2f; Deutsche Stiftung Weltbevölkerung, Hannover: 66 M3, 71 M4g; Deutsche Welthungerhilfe e.V., Bonn: 69 M3 (Schipulle), 71 M4h; Deutscher Caritasverband e.V. Referat Öffentlichkeitsarbeit und Fundraising, Freiburg: 71 M4b; Diercke Globus online: 35 (alle); Dimpfl, H., Erlangen: 73.2; dreamstime.com, Brentwood, TN 37027: 39 M2b (Kochergin), 39 M2f (Klorklor), 99 M3b (Art33art), 99 M3d (Ekhphoto), 107 M6 (Dimaberkut), 107 M8 (Alexander Podshivalov), 128 M1d (Radu Razvan Gheorghe), 128 M1e (Anne Power), 129 M2h (Tr3gi); Eck, Thomas, Berlin: 59 M4; Eckert-Schweins, Werner, Ingolstadt: 84 M3; Elvenich, E., Hennef: 18 (alle); Essig, Martin, CH-Münchenbuchsee: 77 M2; Fabian, Michael, Hannover: 33 M3; Focus Photo- u. Presseagentur GmbH, Hamburg: 63 M4 (Amos Schliack); Forest Stewardship Council (FSC) Arbeitsgruppe Deutschland e.V., Freiburg: 46.2; fotolia.com, New York: 28 M1 (mrfiza), 38 M1d (Henry Schmitt), 38 M1f (Denis), 38 M1g (Ckap), 38 M1h (forcdan), 39 M2h (Maygutyak), 43.3 (Benjamin Bahr), 44 M1 (Mexrix), 55 M4 (wiw), 56 M1 (David Thyberg), 56 M3 (agap90), 56 M4 (Pixeltheater), 56 M5 (jellytott), 57 M7 (urosr), 57 M8 (racamani), 59 M7 (Natika), 61 M5 (Julie Favreau), 66 M2 (poco_bw), 84 M6 (Haider Yousuf), 90 M1a (reinobjektiv), 91 M3 (Visionär), 97 M4a (Benicce), 124 M1 (shirophoto), 128 M1c (iofoto), 129 M2e (Klaus Heidemann), 129 M2g (rm), 131.1 (XtravaganT), 143.1; Frey, Peter, Pernes les Fontaines: 47.1; Getty Images, München: 88 M2 (Marwan Naamani/AFP), 88 M3 (Marwan Naamani), 107 M7 (Chris Niedenthal/ Time Life Pictures); Greenpeace Deutschland e.V., Hamburg: 42 M2 (Oka Budhi); Grenzebach, K., Alten-Buseck: 43.2; Haitzinger, Horst, München: 49.1, 70 M1; Harrer, Heinrich, Hüttenberg: 129 M2c; Henry, Shawn, Gloucester: 38 M1c; Hinzmann, Bettina, Bochum: 57 M6; Human Help Network e.V., Mainz: 71 M4c; iStockphoto, Calgary: 37 M7 (Josef Friedhuber), 38 M1e (Peter Malsbury), 39 M2d (Robert van Beets), 39 M2e (John Carnemolia), 55 M3 (satori13), 58 M1 (David Sucsy), 91 M2 (Alex Jeffries), 99 M3a (nailzchap), 99 M3c (Oks_Mit), 99 M3e (mycola), 99 M3f (Daniel Fernandez), 104 M1 (Kruglov), 123 M5 (Keith Binns), 128 M1f (Andrew Zarivny), 128 M1h, 129 M2b (Loretta Hostettler); Jilg, Wilfried, Auetal: 126 (beide), 127 (beide); Juniors Bildarchiv GmbH, Hamburg: 94/95 oben (I. Shpilenok), 94/95 unten (H. Jungius); Jupiterimages, München: 73.3 (TPL); Jürgens Ost + Europa Photo, Berlin: 97 M4b; Lachmeyer, Karl-Heinz, München: 38 M1b, 60 M2; mauritius images GmbH, Mittenwald: 47.6 (age), 109 M4 (Alamy), 148/149; Ministerium des Innern und für Sport, Mainz: 71 M2; MISEREOR e. V., Aachen: 71 M4d; Müller, Bodo, Bartensleben: 130.3; NASA, Houston/Texas: 83 M1, 87 M7; NASA/GSFC/METI/ERSDAC/JAROS and U.S./Japan ASTER Science Team: 103 M5; Nebel, Jürgen, Muggensturm: 39 M2a, 130.2; Nußbaum, Dennis, Koblenz: 20/21; OKAPIA KG Michael Grzimek & Co., Frankfurt am Main: 25 M4 (Gabriel Jecan/SAVE); PACIFIC STOCK, Honolulu: 43.4; Panther Media GmbH, München: 38 M1i (Ingrid H.), 81 M5, 82 M3; Perry, D., Branchport: 25 M5; photothek.net GbR, Radevormwald: 62 M2 (Grabowsky); Picture-Alliance GmbH, Frankfurt/Main: 37 M6 (Bloomberg News/Ardian), 104 M2 (epa/Yuri Kochetkov), 105 M4 (epa/Stringer), 118 M1 (epa Nordfoto); Pinkall, Heide, Brake: 86 M1; Protze, Notburga, Halle: 129 M2a; Reuters, Berlin: 66 M4 (Sotunde), 88 M1 (Awar Mirza); Schulthess, Emil, Forch/Zürich: 14 M3; Schönauer-Kornek, Sabine, Wolfenbüttel: 9 M4, 64/65, 92 M1, 110 (alle), 111.1, 132/133; Seifert, Hannover: 90 M1b; Shutterstock Images LCC, New York, NY 10004: 43.1 (haak78), 79 M5 (Anthon Jackson), 128 M1i (Christopher Boswell), 129 M2d (gary yim), 130.1 (PRILL Mediendesign und Fotografie); Siemens AG, München: 91 M5 (Siemens Pressebild); SPIEGEL-Verlag, Hamburg: 93 M7; still pictures, Berlin: 67 M6 (Jorgen Schytte), 92 M3 (Romano Cagnoni); Stonjek, Diether, Georgsmarienhütte: 39 M2c; Strohbach, Dietrich, Berlin: 128 M1b; Taubert, K., Springe: 92 M4; terre des hommes Deutschland e.V., Osnabrück: 71 M4e; Tierbildarchiv Angermayer, Holzkirchen: 29 M3; ullstein bild, Berlin: 47.5 (Gîttlicher Caro Fot), 58 M2 (Lineair); UNICEF Deuschland, Köln: 71 M4f; US Geological Survey/Cascades Volcano Observatory, Washington: 125 M4; Visum Foto GmbH, Hamburg: 74/75 (Henley/Panos); Washington Post, Washington: 38 M1a (Chikwendiu, Jahi); Weidner, Walter, Altußheim: 66 M1, 73.1; wikipedia.org: 39 M2g; Wildlife Bildagentur GmbH, Hamburg: 29 M4; Wintershall AG, Kassel: 101 M2.

Dieses Buch enthält Beiträge von: Jürgen Bethke, Margit Colditz, Erik Elvenich, Dieter Engelmann, Martin Essig, Dora Frey-Auf der Maur, Martin Freytag, Renate Frommelt-Beyer, Jürgen Heller, Ute Irmscher, Silke Jennings, Stefan Junker, Claus Kappl, Karin Kortschakowski, Norma Kreuzberger, Wolfgang Latz, Luise Lin, Anja Mevs, Eva Munzinger-Basch, Jürgen Nebel, Friedrich Pauly, Cornelius Peter, Notburga Protze, Dieter Sajak, Annika Schmidt, Meike Schöttker, Birgit Schreier, Katrin Stadler, Hanspeter Stuck, Walter Weidner und Thomas Zehrer.

Die Klima- und Vegetationszonen im Überblick

	Polare Zone	Subpolare Zone	Mittelbreiten (gemäßigte Zone)		S...
Klimazonen					
Vegetations-zonen	Tundra Gräser, Krautpflanzen, Zwergsträucher	nördlicher (borealer) Nadelwald (Taiga) Lärchen, Fichten, Moore	sommergrüner Laub- und Mischwald	Steppe bis übermannshohes Gras	Hartlaubgehölze (mediterrane Vegetation)
Jahreszeiten	über 8 Monate Winter	6-8 Monate Winter	ausgeprägte Jahreszeiten		
			milde Winter, warme Sommer	kalte Winter, heiße Sommer	deutliche Temp... unterschiede zw... Sommer und W...
Jahresdurch-schnitts-temperatur	unter −10 °C	−10 °C bis 0 °C	0 °C bis 12 °C		12 °C bis...
Niederschlag	weniger als 300 mm	weniger als 600 mm	mehr als 600 mm	weniger als 600 mm	400-1000 mm, im Sommer tro... im Winter Nied... schlag (Winterr...
mögliches Wachstum	weniger als 30 Tage	30-180 Tage	mehr als 180 Tage	weniger als 180 Tage	mehr als 150 T...
Pflanzen-wachstum eingeschränkt durch		Kälte			
Anbau-möglich-keiten	zu kalt, Dauerfrostboden	nur vereinzelt	eine Ernte	eine Ernte, dürregefährdet	z.T. mit Bewäss...
Anbau-produkte		häufig Forstwirtschaft	Roggen, Kartoffeln, Mais, Weizen	Weizen, Zuckerrüben, Sonnenblumen	Wein, Oliven, Obst, Zitrusfrüc... Reis
Viehhaltung	Rentiere (Nomadismus)		Rinder, Schweine	Schafe, Rinder	Schafe, Ziegen